中国工运史料丛书

003

第二次全国劳动大会史料汇编

中国工运历史研究出版中心
全总工会理论和劳动关系智库基地（文献资料中心）◎编

中国工人出版社

图书在版编目（CIP）数据

第二次全国劳动大会史料汇编 / 中国工运历史研究出版中心，
全总工会理论和劳动关系智库基地（文献资料中心）编. —北京：
中国工人出版社，2023.8
ISBN 978-7-5008-8214-5

Ⅰ.①第… Ⅱ.①中… ②全… Ⅲ.①中华全国总工会－代表会议－
史料 Ⅳ.①D412.3

中国国家版本馆CIP数据核字（2023）第160780号

第二次全国劳动大会史料汇编

出 版 人 董 宽
责任编辑 李 丹 罗 娜
责任校对 张 彦
责任印制 栾征宇
出版发行 中国工人出版社
地　　址 北京市东城区鼓楼外大街45号　邮编：100120
网　　址 http://www.wp-china.com
电　　话 （010）62005043（总编室）
（010）62005039（印制管理中心）
发行热线 （010）82029051　62383056
经　　销 各地书店
印　　刷 三河市东方印刷有限公司
开　　本 880毫米×1230毫米　1/32
印　　张 5.75
字　　数 124千字
版　　次 2023年12月第1版　2023年12月第1次印刷
定　　价 45.00元

编辑出版说明

中国工人运动史料是中国共产党红色资源的重要组成部分，也是中国工运独具特色的精神财富，具有重要的研究和借鉴价值。2021 年，中国工人出版社启动“工藏：中国工运史料文库”融合出版项目，倾力挖掘、搜集和整理中国工运历史资料，并将在 2025 年中华全国总工会成立 100 周年之际，同步推出史料文集、线上平台和数据库等不同形态的成果。先期出版的中国工运史料丛书，专题汇编较为重要的中国工运史料，是这一融合出版项目推进过程中的阶段性成果。

首批推出的中国工运史料丛书共 7 卷，分别为《历次全国劳动大会文献汇编》、《第一次全国劳动大会史料汇编》、《第二次全国劳动大会史料汇编》、《第三次全国劳动大会史料汇编》、《第四次全国劳动大会史料汇编》、《第五次全国劳动大会史料汇编》和《第六次全国劳动大会史料汇编》。以这样大的规模完整推出新民主主义革命时期历次全国劳动大会的文献和史料，在中国工会历史上还是第一次。编辑出版过程中，一方面补充了过去未曾收集到的大会文献，另一方面收录了文电文稿、报刊报道和亲历者回忆等珍贵史料，并且逐一进行溯源考证，让这一出版成果更具历史价值。

此次出版的全国劳动大会史料汇编，除《历次全国劳动大会文献汇编》外，其他6卷在体例上统一分为“大会文献”、“文电文稿”、“报刊报道”和“附录”四部分。“大会文献”包括历次全国劳动大会发布的正式文件，包括中国共产党给大会的贺信、会议开幕词、报告、决议、章程、选举结果、闭幕词、宣言等。“文电文稿”包括与历次全国劳动大会有关的文电和文章，即以大会名义或中华全国总工会、中国共产主义青年团等其他团体所发电文，以及工运领袖对大会的综述等。“报刊报道”包括当时各报刊对大会相关动态的报道和评论。“附录”在汇编会议历史背景资料的同时，也收录了部分大会亲历者的回忆文稿。

最大限度地保存历史原貌，这是中国工运史料丛书的编纂原则。各类文字严格限定原始资料，并尽可能追溯最早文本，部分资料依照最新权威版本做了订正；回忆文章严格限定亲历、亲闻、亲见，不用后人编纂的文章；对原始资料文本逐字逐句考证，除改正明显错字、错排内容外，均保留原文，包括当时的混用字；原文有漏字或空白处，只要不产生阅读歧义，均不做推测、填补，以“□”代之。需要读者注意的是，在当时的历史条件下，有些话题的表述与今天或有不同；有些名称、数据亦不统一，为保存史料原貌，我们在编辑过程中未做修改，均保留原样。

历史资料浩如烟海，很难尽善尽美。如若发现编纂错讹或有新的史料补充，竭诚期待告知编者（grcbsgz@126.com），以便今后修订增补。

《第二次全国劳动大会史料汇编》

主　　编

张　刃

副主编

蒋佩轩

学术编辑

李　丹　罗　娜　王功彬

数字编辑

吴　倩

目　录

大会文献

文电文稿

报刊报道

附 录

大会文献

中国共产党给第二次全国劳动大会的信*

亲爱的全国劳动大会代表诸同志：

中国国民革命潮正在高涨的时候，你们于全世界劳动节“五一”在革命根据地广州，召集了全国工会的代表开第二次劳动大会，这是有重大意义的。

国际资本帝国主义者宰制着全世界的无产阶级及全世界的弱小民族，中国人就是被他们宰制的民族之一。可是帝国主义的末运到了，此时全世界的无产阶级及弱小民族，都不约而同的向帝国主义举起反叛之旗，中国的国民革命运动，就是这个全世界的大运动中之一。

在中国国民革命运动的高潮中，我们须要知道中国的各社会阶级对于这革命的关系是怎样。贿卖国家剥削平民的军阀及大商买办绅士阶级，不用说都是和国际资本帝国主义者串通一气，与国民革命为敌的。被压迫而濒于破产的学生自由职业者小商人，虽然不满现状而有革命的要求，可是他们的政治观念却是模糊，他们的战斗力也涣散薄弱，因此还不能够加敌人以致命的打击。

有明了的政治观念，有集合的战斗力，在国民运动中，能够加敌人以最后致命的打击者，只有工农联合的力量。

---

* 本文原载一九二五年四月二十六日出版的《向导》周报第一百十二期。

正因工农阶级有这样的力量，我们的敌人——国际资本帝国主义者及国内军阀大商买办绅士阶级——欲消灭中国的国民革命运动，首先要消灭中国工人农民的势力。他们不但用政权法庭军队警察，在外面压迫工人农民的势力发展；他们并且□雇用一班工贼，在内部破坏工人农民的团结，阻挠革命的知识分子对于工人农民同情的援助；他们尤其要严禁工人农民有自己的政党之组织，因为工农联合起来，又有了自己的政党，那便更要增加革命运动的力量。

亲爱的全国劳动大会代表诸同志！你们所代表的力量是伟大的，你们所负的责任也是重大的，你们的敌人虽然众多而且强有力，只要你们团结起来不断的奋斗，不但中国国民革命的胜利终属于你们，全世界工农专政的胜利也必然属于你们。祝你们团结！祝你们奋斗！

中国共产党中央执行委员会

（依照人民出版社 2022 年《中国共产党重要文献汇编》第五卷订正）

工人阶级与政治争斗的决议案*

一、工人阶级必须作政治争斗

（一）工人阶级每个经济的争斗，同时一定要变成政治争斗。这是因为资产阶级在经济上优越地位，是倚靠在政治上优越的势力保障之上，当工人阶级开始摇动资本家的利益时，资产阶级必定尽力用他们的国家机关之权力及军队、警察、法庭、监狱等来压迫工人的行动。

（二）工人阶级的利益，与帝国主义者军阀资本家的利益，是绝对不能调和的，双方利益之冲突，就是阶级争斗，调和就是牺牲工人利益，工人为改良自己生活状况，必须不断的奋斗，但工人阶级要达到完全自由，只有在工人阶级推翻资本制度，自己掌握政权之后。

（三）我们敌人的力量很大，他们据有经济上的优越地位，更握着国家的政权，军队、警察、监狱等有形的压迫机关，学校、宗教、报纸等无形压迫的麻醉方法，这都是资产阶级制服无产阶级的武器。而且在中国每个阶级争斗中，各国资产阶级总是相联合向无产阶级进攻。阶级争斗就是一种战争，我们无产阶级在此战争中重要的武器，就是团结，不分国界、省界及手艺、宗教、性别的阶级团结。自经济争斗到政治争斗，自争

* 本文原载一九二七年六月出版的《工人运动》。

自由的政治争斗到夺取政权的政治争斗，都要倚靠这个武器。

二、工人阶级对于民族革命的态度

（一）帝国主义及军阀统治中国，民族革命是唯一的生路。

（二）世界无产阶级的革命，是要推翻资本制度，但殖民地与半殖民地的无产阶级更多受一层帝国主义者的压迫，殖民地及半殖民地的民族革命是要推翻这种压迫的，为世界革命之一部分，因此中国无产阶级必须参加民族革命运动。

（三）民族革命虽然是各阶级共同参加的，可是中国资产阶级中主要的买办阶级完全为外国资本所养成，不但不能革命，而且是反革命的。其他一部分工业资本家与商业资本家固直接或间接受外国资本之支配，不能有革命的运动，另一方面，他们又见到中国工人阶级革命发展之危险，反愿勾结帝国主义以阻碍革命运动之发展。至于城市的小资产阶级虽然是革命的，他的本身没有集中的战斗力，所以中国的民族革命运动，非得工业的无产阶级参加并取得领导地位，提携着广大的农民群众进行是不能成功的。

（四）在过去许多次罢工中，如一九二二年的海员罢工及开滦矿工罢工，一九二三年的京汉路罢工，本年上海日商纱厂工人罢工，无次不明显的表示出帝国主义是中国工人主要的仇敌，军阀必是帝国主义的爪牙。所以中国工人为自身的解放必须担任民族革命的急先锋，为促进世界无产阶级的革命，亦应努力于这个工作。

（五）民族革命既是各阶级共同参加的，所以无产阶级在此革命运动中，一方面固然协力以反抗我们更大的仇敌帝国主义及军阀，一方面更要森严在我们各种组织上的阶级性，不可和其他阶级混和。这种混和，将有被资产阶级牺牲我们的利益，甚至有卖给敌人的危险。

（六）民族革命运动一切方面的进行，一定要不妨碍工人阶级的发展，而且应该把工人阶级的利益放在第一位，工人阶级参加民族革命运动必须保持阶级的本色，指示革命的出路，引导革命到底。

三、工人阶级目前的争自由运动

我们的目标，是要推翻帝国主义，打倒军阀，实现民族解放，促进世界革命，这是要经过长期的争斗才能得到的。

（一）在这长期争斗中，目前最迫切的要求，加资减时运动，集会、结社、言论、出版自由运动，罢工自由运动，普选运动等，虽不是我们最终的目标，但这些都是我们日常生活所必需的要求；这些要求之实现，不但可以改善我们的目前生活，并且在这些运动中，可以扩大我们的组织，增长我们的争斗经验，树立我们的政治势力，这些乃是我们到最终目标所必由之路的第一步。

（二）同时我们不可把这些目前迫切的要求，当作最终目标，这些要求只是达到我们最终目标民族革命世界革命所必由之路的第一步。我们更要明白如果帝国主义军阀不被打倒，工人阶级不完全解放，这些目前的要求都不能达到。

（依照中央文献出版社 2011 年《建党以来重要文献选编》第二册订正）

经济斗争的决议案*

工人阶级的斗争，不论是经济的或政治的，只有一个最后的目的：就是劳动的完全解放。劳动的完全解放，只能在资本主义制度推翻，政权完全操入劳动者手中之后，但即使在资本主义组织之下，我们不否认为改良劳动待遇条件，增高工人生活程度，以及部分的要求，而实行最激烈最坚强的斗争。第一，因为现在的劳工条件，已经坏到极点。一千百万的工人，还未到他们精力衰疲之时，而已衰弱不堪，失了他们的力量，失了他的康健，同他们的生命；第二，因为每一部分劳动条件的改良，都可增加工人阶级的力量，促进工人为最后的目的争斗，并且促进资本主义的崩坏，及劳动解放的实现。

一、我们不否认经济斗争，不否认目前切近要求的改良运动，但是我们对于这种运动的态度是：

（一）每个目前切近的改良运动，只是行向总解决的一部分，不可把他看作最终的目标去做。比如资产阶级不打倒，目前所要求增加工资，难保将来又被克扣。总之，工人阶级的根本解放，只有在取得政权之后。

（二）每个经济的斗争，同时就是政治的斗争：如工人的罢工，本是经济的斗争，但是资本家一利用军警来干涉，便转成

* 本文原载一九二七年六月出版的《工人运动》。

政治的斗争了。

二、在中国现时经济斗争中，工人阶级切近的要求是：

（一）按照各地各时生活情形，规定最低限度的工资：本来资本家发给工人工钱的标准，是按照工人生活必需品的价值而定。它应该要够工人恢复劳动能力，维持子嗣（即预备工人老后，再有小奴隶替资本家工作）之用。照这样发给工人工资，工人已经遭受了很大的剥削。因为工人每日所生产的，并不只值他所领得这点报酬。很多劳动是没有受报酬，这就是资本家所谓企业的利润，上了他们的荷包了。但是现在帝国主义的资本家及中国的资本家，他们还不肯按这个生活必需标准发给工人工资，还要从这里面再加克扣，这样一来中国工人的生活，真是苦到万状了。我们试拿上海和日本的纺织工人的工资一相比较，两地的生活程度相差甚微，而工资竟为一与三之比，即中国工人每日所得，不过日本工人一日所得的三分之一。年来生活用品日见提高，而工资之所增极少，工人待遇，苦不堪言。因此要求按照各时生活情形规定最低限度的工资一事，应成为我们目前应进行主要工作之一。

（二）八小时工作制的规定：每个工人最大限度的工作能力，一日不能超过八小时以上，这个数目只有再往下少，不能再往上加，如矿山的窿内工人，则至多不能超过六小时；火车升火的工人不能超过四小时。欧西各国工人，数十年来为要求此制度的实现，不知经了几千百万次的运动，流了几千百万工人的血，但是中国工人可做十二点以至十八点钟的工，难道中国工人就不是一样的血肉构成的人么？我们现在应与各国的工人共同争这八小时的工作制的规定；同时我们又要注意必须在工作时间缩短之下，不影响于工资的低落，而反应该增长或照旧。不然资本家一面虽减少工作时间，一面却减少工资，迫使工人不得不因维持生存而愿继续加工，这样名至而实不至的手段，我们是坚决反对的。

（三）反对一切虐待：在欧美各国的工人，资本家尚表面尊重他人格的独立，雇佣的自由；而在中国则资本家视工人直与牛马无异，动辄任意拳打脚踢，私刑拷打，杀死无罪。最近日商纱厂罢工，发出反对日本打人的口号，我们试想这是一种什么呼声；又加工作中屎便之限制，下工时遍体之搜索等，以及许多不可胜数的事实，无异对付盗贼囚犯，我们应当坚决反对。

（四）女工童工之生活改善：在中国的资本家特别欢喜女工童工，他们是看中了这两种人较为柔软，容易欺负，容易加他们以惨无人道的压迫，因而女工童工的生活遂愈苦不堪问了。女工的工资，是不能与男子相等的，她们的身体，是可以任意侮辱的。至于童工呢，许多六岁未满的小孩，终日站着做十二小时以上的苦工，这还是人的生活么？最近上海工部局曾提议改良童工生活，但所有的条文，完全是名归而实不至的骗局，我们应该反对这种欺骗。我们应当要求：（甲）禁止妇女与不满十三岁者以有损健康之特别困难与危险以及地穴下面的工作。（乙）绝对不准怀孕与哺乳的妇女作夜工及特度的工作。（丙）妇女在产前产后有八星期的休息与领工资。（丁）怀孕及哺乳之妇女，于普通规定的休息时间以外，并须补足其哺乳小孩的时间。哺乳相隔的时间，每次不能超过三小时半以上，且每次哺乳不得少于半小时。（戊）绝对禁止使用十三岁以下之童工女工。（己）绝对禁止使用童工作夜工。（庚）每日工作六小时，每周须有继续四十二小时之休息。（辛）不得克扣工钱。女工童工与成年工人做同样工作时，须得同样的工资。（壬）为童工设立免费的平民学校。

（五）劳动保护与社会保险：中国内各种工厂的一切设备，是很少能顾及工人身体的健康的，因而危险之事常常发生。如去年上海祥经丝厂的大火，工人被烧死者数百人，平时因工厂之不洁，而得肺痨疫症以死者，更不可计其数；又在工人工作受伤或死亡失业后，亦无相当的保证。因此我们当努力要求：（甲）一切企业机关，应设法消除或减少于工人身体有害的工作及生产方法，并当预防不幸的事情之发生；极力注意工场卫生与防疫事宜。（乙）对于从事于有危险健康工作之工人，工厂须供给他以种种抵抗危险的服装用器消毒材料等。（丙）应实行社会保险制度，使工人于工作伤亡时，能得到赔偿；于疾病失业老年时，能得到救济。

（六）取消包工制：有许多工厂的资本家非常狡猾，他在他与工人间设立一道防线，这个防线就是包工制度。他利用他最忠实的走狗为工头，把工作包与工头，工人须向包工头请工做，这样一来，在资本家与工人间，更多一层工头的剥削，愈使工人的生活痛苦，而且在斗争时，资产阶级更可利用工头以破坏工人的组织。所以我们非打破这种制度不可。

三、为监督实行保护劳工的一切事件预防机器的不慎，在危险的生产中，要预备保险的服装及防毒的用品，工人有病，或在工作时受伤，须赔偿其损失。关于工厂的监督员，必须参加工人的代表，又保护童工女工的利益，亦必须有童工和女工的代表参加。

四、全国总工会在这次大会后，应具体的指导他所属各业工人，尽量利用一切可能的机会，去取得这些权利，去从事为获得这些权利的斗争。在这阶级斗争中，去教育工人，组织工人。

五、在这个斗争过程中，我们想得到胜利，必须注意下面的几点：

（一）当有统一的集中的便于斗争的组织。

（二）一地方的罢工，同时须得各地方的援助，切忌分立的行动。

（三）一个地方或一个企业，发生罢工后，其他地方及其他企业，应做通电声援，或集资援助，若形势严重时，总工会应讨论对资本家经济封锁及宣布同情罢工问题。

（四）不可无组织的暴动，应善利用时机，善利用资产阶级的矛盾，集中力量向其最弱点进攻。

（五）全国总工会应附设工人救济会之组织，在罢工时，筹备罢工的基金。罢工后作失业及被禁同志之救济。

（六）应发展协作社的工作，一方面图减低工人的生活费，一方面这也是团结工人，及工人家族的一个武器。

（依照中央文献出版社 2011 年《建党以来重要文献选编》第二册订正）

组织问题的决议案*

一、工会是工人阶级最宽泛的群众组织，它必须设法使所有的工人加入。

二、职工运动的组织形式，须特别灵便，不仅要适合本国工业发达的程度，并且要适合本国政治的环境，文化的程度以及历史的特点（有时连工人阶级的习惯和特点都要注意）。

三、中国土地广阔，各处经济发达的情形不一样，各省政治的环境不一致，因此很难有统一的工会组织形式，至少须有几种不同的形式。

四、中国很久以前就有许多行会。这些行会是根据手工业的，已经是旧式而不能与现代资本主义奋斗。因为他们将有组织的工人势力分裂和消费了。最好的组织是产业工会。产业工会的至要原则，是在每个工厂或作坊内，所有的工人，不论他们的职业是怎样，都要依照该工厂或作坊是哪种产业性质，就都组织那一种产业工会。比方一个纱厂，不论是粗纱间、细纱间、打包间、电灯间……的工人，都是纱厂工会的会员。又比方一条铁路，不论是机务处、工务处、车务处、养路处……的工人，都是铁路工会的会员。这种制度的益处，就是每个产业机关是整个的奋斗单位。当工人与资本家冲突或罢工时，只有

* 本文原载一九二七年六月出版的《工人运动》。

一个工会包括该产业机关所有一切工人，他们就可以为自己的利益很快的得到决议，并且就可马上很坚决的起来奋斗。所以这种组织，对于工人是有极大的帮助。再有一种是职业工会。这种制度，是按照工人的职业加入工会。譬如，机器匠是一种职业，轮船上的机器匠，铁路上的机器匠，纱厂里的机器匠，自来水厂的机器匠……都组织在一个工会里做会员。这就是说一个大工厂内的电灯工人就加入电气工会，机器工人就加入机器工会，木工就加入木匠工会，一个大工厂内有各工会的会员。很明显的，这种组织对于阶级斗争是不及产业组织，因为当对资本家冲突或罢工时，各工会的代表与会员有各自的利益与观点，所以要彼此同意，很难有一致行动之可能，即使可能，也必须消费时间，对于工人的奋斗力与精神是极有障碍的。还有最坏不过的，就是不特不是依产业组织，并且也不是依职业组织，而是以狭小的专门范围（如铜匠、铁匠、司机、翻砂等），这就是等于不善的旧式行会制度了。因此，很显明的，铁路、海员、矿山、纺织及其他新式产业中是绝对须采取产业组织，若小铁厂、理发店、裁缝铺、泥水作等小工厂及手工业，亦可酌用职业组织。至于行会组织，务要设法改进到新式工会的形式。但我们亦须记着工会是广大群众的组织，亦须斟酌该处之实在情形决定他的组织形式，不可死板。

五、政治的环境应当特别注意，在中国目前还只是广东一省比较自由，工会可以公开的活动，其他各省因政治情形各有不同，工会或者半公开的存在，或者简直秘密的存在，至于公开的工会活动很少可能，或受限制，或被干禁。因此，要利用许多公开的名义，如办夜学校、协作社等，去做职工运动的工作，这种公开的工作，只要办得到，我们就要利用这些工作，为工人组织的秘密发展。

六、工厂支部当为工会的基本，在小的企业内，特别是在不能公开工作的地方，首先工作只能委派工会的全权代表，由这工会的全权代表，按照工会上级机关的指令，在该企业内工作。在大的企业内，必须按照工作部分组织工厂支部，倘若工厂支部增加到几十或者几百的时候，工厂支部内或者小企业内，得按加入工会的会员十人、五十人或者一百人选出一代表，酌量情形组织办事机关。这部分代表即工会的中坚分子，与选举他的群众发生很密切的关系，并通知他们工会的一切情形。有可能时，还须召集大会，报告工作的经过，时常在工作的时候，工人的家庭里，与工人见面时，宣传工会利益，煽动工人加入工会。

在工会的中坚分子的大会上（倘若不能开大会时，则在代表会议上）选举职员，组织某一地方的机关，这地方的机关，又须经上级机关批准，至少年须召集该工会大会一次，在大会上，选举该总工会的执行委员会。为统一当地工会组织及亲密互助起见，凡城市或省区应只组织一个工会联合总机关。如一城市或一省区有数个此项性质总机关者，应开联席会议，公决归并为一。

七、工会是为工人所有的利益而奋斗的组织，工会当为改良劳动待遇，增加工资，减少工作时间，保护女工童工，争得星期日过节日不扣工资的休息，规定劳动法等而奋斗。工会必须储蓄基本金，罢工的基金，补助医药费的基金等，以备不虞。工会为关心自己会员的阶级教育，当开办学校，设短期演讲所。

八、为要实行上面所说的，因此工会每月要征收其会员的会费。每月至少为一小时平均工资，工会不宜收太高的入会费。

九、无论工会组织的形式有各种的不同，但工会组织的性质是阶级的，工会工作的内容是阶级的，工会的教育同样也是阶级的，少了这个条件，中国工人组织工会就失了他本来的意义。所以工会会员，不宜包含雇主、高等职员及包工头等与工人利益相反的分子。职工运动的组织形式不可死板。

但工会不可调和，不可妥协，工会组织必须有坚决的阶级行动。

十、工会的建设须有经常的计划，能利用一切劳资的冲突和一切罢工，以及一切关于工人阶级有意义的事变，作普遍的宣传。

十一、目前因组织的力量缺乏，不能注意到所有的工作，须特别注意组织铁路、海员、内河及码头运输工人、矿山、纺绩缫丝、烟草、印刷，以及天津、北京、上海、武汉、青岛、大连、长沙、广州、香港、澳门等处各重要城市的工会工作。

十二、为加多职工运动的领导分子起见，大会完后必须在大的城市里面和产业的中心地，开短期的补习学校（以三月为限），培养职工运动的人才，须多造就一些领导分子，职工运动才有稳固向前发展的基础。

（依照中央文献出版社 2011 年《建党以来重要文献选编》第二册订正）

工农联合的决议案*

一、无论在哪一国，农民总是占大多数，至少农民也是经济上一个主要势力。他们所受的压迫，不减于工人阶级，或且还有过之，因此他们在现存制度之下，也是一部分革命的势力。

二、工人阶级要想推翻现存制度，必须结合反对现存制度的一切革命势力，因此他应该努力找寻他的同盟者。这种同盟者的第一个，就是农民。无产阶级倘若不联合农民，革命便难成功。

三、我们知道政治的中心总是在城市，因此斗争的中心，也是着重在城市。所以工人阶级应该努力去领导农民来参加这个斗争。

四、过去许多国家内劳资两阶级的斗争，如一八七一年巴黎公社的失败，一九〇五年俄国革命的失败，一九二三年德国革命和保加利亚革命失败，其失败的原因，都是因为没有得着农民帮助，或农民势力落在资产阶级手中。反过来说，俄国革命所以成功，就是因为得着农民的援助。

五、中国农民占全国人口总数百分之七十五，他们所受的压迫和剥削，较工人尤甚。中国工人阶级要想得到解放，更非联合农民共同奋斗不可。

---

* 本文原载一九二七年六月出版的《工人运动》。

六、农民要得到自身的解放，也只有与工人联络，才有可能。

七、工农联合，在目前应该实现下列几点：

（一）工人在其回乡时，或在其工作附近地之农村，均应向农民宣传并帮助他们组织农民协会。

（二）工会农会之间，得互派代表；工会应设法提携农会进行。并助其发展经济的组织，如合作社等。

（三）农民如发生经济上或政治上的争斗，工会应领导工人为实力的援助。

（依照中央文献出版社 2011 年《建党以来重要文献选编》第二册订正）

工农兵大联合决议案*

今天（五月一日），全国劳动大会全体代表、广东全省农民协会全体代表，革命军人代表、革命学生代表、广州市工界代表在广州举行盛大之联席会议，一致认定打倒军阀和国际帝国主义的革命、解放劳苦群众的革命，只有工农兵一致团结，才能成功。

全国工农兵大联合万岁！

全世界工农兵大联合万岁！

中国革命万岁！

全世界革命万岁！

打倒帝国主义！

打倒军阀！

（五月一日工农兵代表联席会议通过）

（中华全国总工会中国工人运动史研究室编：《中国工会历次代表大会文献》，工人出版社，1984年，第27–28页）

* 本文原载中华全国总工会编印的《第二次全国劳动大会决议案及宣言》。

对于赤色职工国际代表报告的决议案*

一、听了赤色职工国际代表报告之后，我们知道世界上有两个大本营：一是资产阶级的大本营，也是压迫阶级的大本营，以美国为首领；一是无产阶级的大本营，也是被压迫民族的大本营，以俄国为首领。中国劳动群众自然应是全世界无产阶级和被压迫民族的大本营中的一部分。

二、亚姆士特丹黄色职工国际为改良派首领所把持，专门勾结资产阶级欺压工人阶级，确系欧洲工贼的巢穴，中国工人阶级应与全世界革命工人一致反对之。

三、赤色职工国际团结了全世界各色人种的工人，确能真实的为全世界工人奋斗，为全世界工人的总指挥机关。中国工人阶级此后应强固自己的组织，加入赤色职工国际，并拥护他的一切政策。

（中华全国总工会中国工人运动史研究室编：《中国工会历次代表大会文献》，工人出版社，1984 年，第 28–29 页）

* 本文原载中华全国总工会编印的《第二次全国劳动大会决议案及宣言》。

铲除工贼决议案 *

一、我们工人的仇敌，一个是资产阶级，军阀、官僚及帝国主义皆属之；再一个是资产阶级的走狗，即所谓工贼。我们要解放我们自己，我们知道只有打倒资产阶级；但同时也知道工贼是我们解放前途之大障碍，因为工贼是资产阶级的爪牙，而以破坏工人事业为职业者。故我们打倒资产阶级，同时须不断的铲除所有一切的工贼。

二、资产阶级对付工人之方法，一方面是利用他们的军警、法庭等来压迫工人；另一方面是嗾使他们雇用之工贼从我们工会中捣乱。中国现在的工贼几乎普遍全国，兹列举罪恶最著其姓名如下：

1. 王光辉	2. 郭寄生	3. 徐锡麟	4. 童理璋
5. 宾步程	6. 李　彤	7. 杨德甫	8. 张德惠
9. 郭聘伯	10. 张　纛	11. 刘伯勋	12. 余友文
13. 冯自由	14. 马超俊	15. 谌小岑	16. 张恩荣
17. 苗凤鸣	18. 何　东	19. 黄焕庭	

三、我们对于铲除工贼之办法：

1. 将工贼罪恶编成小册子，宣告全国各工会，使各工人都明白，对工贼加以防御及攻击，务使工贼无立足之地。

---

* 本文原载中华全国总工会编印的《第二次全国劳动大会决议案及宣言》。

2. 各工会均应组织工人自卫团，如工贼来破坏时以武力对待之。

四、我们知道中国的工贼应该铲除，然而世界上有一个工贼的巢穴，叫作“国际联盟劳动局”。这个机关就是资本帝国主义用以破坏全世界工人阶级的。所以我们也要根本反对之。

铲除国内一切工贼！

打倒工贼的国际联盟劳动局！

阶级斗争万岁！

世界革命万岁！

（中华全国总工会中国工人运动史研究室编：《中国工会历次代表大会文献》，工人出版社，1984 年，第 29–30 页）

工人教育的决议案*

一、我们为使工人运动之发展、组织之坚固、斗争能力之强大，在工人中教育宣传是非常重要的，所以我们对于工人教育也是非常重视的。

二、工人教育之旨趣，约为下列两点：

1. 促进阶级觉悟。工人阶级所以能战胜资产阶级，就在他有阶级的觉悟；有觉悟然后知道团结组织，知道如何去斗争。所以我们的教育方针，一面虽是注意他们日常生活的需要，如识字常识等。但最重要的是要用这些日常生活知识材料说明其原因结果，引用他们生活困苦之根源及现社会之罪恶，以唤醒其阶级觉悟，这是我们无产阶级教育的极重要的原则，可说这是我们教育的生命。我们办教育的最终目的，就是促进工人阶级的觉悟，对于工人的一切解释、批评、教育、训育等，都要明确的站在我们无产阶级的观点上，我们的一切言论行动，都不可违背了阶级的意识。所以我们的教育是促进阶级觉悟的教育。

2. 训练斗争能力。我们并要在行动中去教育工人，当每个罢工运动发生时，工人利益与资本家发生冲突时，工人受国家或资本的残害时，正是极重要的提高工人觉悟的机会。要在这

* 本文原载中华全国总工会编印的《第二次全国劳动大会决议案及宣言》。

些事件中去做教育宣传工作，激发他们阶级斗争的勇气，训练他们作战的能力。如何要有团体？如何服从纪律？如何要有领袖？如何窥察敌人的情形？如何观察时势的变化？如何应付危险的局面？如何解决困难问题？如何要有国际的联合？如何要携着农民共同奋斗？凡此种种，皆是阶级战争上的必要能力，我们必要时时注意训练他们，最好拿本地或他处劳动运动实际材料来说明，如本地某种工人罢工之胜利之原因和结果。我们从这些教训中，此后应该怎样预防和救济，所以我们的教育又是增加斗争能力的教育。

三、工人教育之办法，不论工会在秘密或公开的时期，均应设法进行补习学校、工人子弟学校、工人阅书报社，及化装、演讲、公开讲演、游艺事等。

1. 工会秘密时期，工人教育为觉悟分子加入工会及宣传的机关。工会公开时期，工人教育为训练其会员之地。

2. 工人补习学校教育，为每个工会目前应特别努力进行之事，因为成年工人与青年工人为目前斗争上唯一的战士，工人子弟为将来的工人，是有力的后备军，故我们也应设法次第举办其种种教育。

3. 开会演讲，工会的开会是教工人学习处理本身问题的绝好机会。在可能的时候，还当在非工会会员的工人群众中去开会，去吸引他们参加讨论，吸引他们入会。其余如化装、演讲、游艺等项是一种最方便最普通的教育，因为可以引起听者之兴趣，而使宣传之意义能深入于一般工人的群众。

4. 当打入国家、资本家、青年会所举办的工人教育事业中去工作，转变他教育的性质，如不可能时，须尽力反对这种麻醉的教育。

四、在现存制度之下，即资本主义制度之下，工人要想得到充分的知识，得到许多受教育的机会，是没有可能的，这些都只有工人夺取政权后，才能办到。

（中华全国总工会中国工人运动史研究室编：《中国工会历次代表大会文献》，工人出版社，1984 年，第 30–32 页）

香港问题决议案 *

大会听了香港代表团报告之后，认为香港乃帝国主义之殖民地，不论为民族的解放或阶级的解放，皆应联合一致奋斗。今香港各工团分成几个系统，固违背近代工会统一运动之意义，也且违背民族独立运动之意义，实非佳象。前经二次筹备联合，均为帝国主义者利用少数不良领袖把持破坏，是以不能成功，殊为重大的损失。故大会依香港代表团之请求，决议应由工团总会、华工总会及其他各工会，派出代表开一联席会议，共同决定化除门户之见，从新组织全港工会的总机关，务使所有工会统一，集中工会力量，为全港民族的和阶级的利益及幸福而奋斗。

（中华全国总工会中国工人运动史研究室编：
《中国工会历次代表大会文献》，工人出版社，
1984 年，第 32 页）

* 本文原载中华全国总工会编印的《第二次全国劳动大会决议案及宣言》。

广东问题决议案*

大会听了广东代表团报告之后，认为广东工团分成几个系统，及违背近代工会统一运动之意义，实非佳象。故依广东代表团之请求，决议应由广东省各工会，派出代表开一联席会议，共同决定化除门户之见，从新组织全省工会的总联合机关，务使所有工会统一，集中工会力量，以为全省无产阶级之利益及幸福而奋斗。

（中华全国总工会中国工人运动史研究室编：《中国工会历次代表大会文献》，工人出版社，1984年，第32页）

* 本文原载中华全国总工会编印的《第二次全国劳动大会决议案及宣言》。

上海问题决议案 *

大会听了上海代表团报告之后，认为工贼王光辉、郭寄生等所假冒之上海工团联合会，非真正工人群众之组织，否认其为代表上海工人之机关。故决议应由此次出席大会之上海各工会，联络其余各真正工会共同组织全上海工会之总联合机关，以便真能为无产阶级谋利益，而抵抗帝国主义、资本家以及工贼之联合进攻。

（中华全国总工会中国工人运动史研究室编：《中国工会历次代表大会文献》，工人出版社，1984 年，第 33 页）

* 本文原载中华全国总工会编印的《第二次全国劳动大会决议案及宣言》。

中华全国总工会总章

第一章　总　纲

第一条　本会定名为中华全国总工会。

第二条　本会以团结全国工人，图谋工人福利为宗旨。

第三条　本会总机关暂设在广州，并得择定其他相当地址特设办事处。

第四条　凡在中国境内之真正工人组合，均得为本会会员。凡产业工人已有全国一总组合之组织者，或一市或一县或一省的城市工人已有总组合之组织者，由该总组合加入本会为会员。各单独组合直接加入本会者，则须经本会之审查认可。

第五条　本会之职任如下：

（一）发展全国工人的组织；

（二）统一全国工会运动，务期密切的团结；

（三）整理各工会之组织系统；

（四）指挥各工会的行动；

（五）仲裁各工会间或各工会之争端；

（六）发布全国工人共同奋斗之目标；

（七）代表全国工人与国际工人谋密切之结合；

（八）提高工人智识，联络互相感情；

（九）促进各工会彼此间有效之互助；

（十）保障工人利益，设法解决救济及职业介绍等事项。

第二章　组　织

第六条　本会之最高机关为全国代表大会，每年举行一次；并得举行临时大会，均由本会执行委员会、各工人团体派赴代表大会之代表，额数由本会执行委员会按比例决定之。

第七条　由全国代表大会选举执行委员二十五人组织执行委员会。代表大会闭会时，执行委员会为本会最高机关。

第八条　执行委员互选正执行委员长一人，副执行委员长三人。委员长不能执行职务时，得由执行委员会重新互选之。

第九条　执行委员会之下，须组织一干事局，受执行委员会之指挥监督，驻会办理一切事务（干事局干事人选，由执行委员会决定之）。

第十条　干事局分下列各部办事：

（一）组织部——掌管本会所属各工会之组织事项，并帮助各处无工会组织之工人群众，组织工会。

（二）秘书部——掌管本会一切文件收发、统计、报告等事项。

（三）宣传部——掌管本会宣传教育工作，并指导各工会之教育方针。

（四）经济部——掌管司库、司账、庶务等经济事项。

各部须设主任一人、干事若干人，由执行委员会斟酌事之繁简选任之。

第十一条　干事局设总干事一人，由执行委员中之一人兼任，为干事局会议之主席。

第十二条　本会为会务发展及便利起见，得于相当地点特设办事处，各置主任一人、办事员若干人，由执行委员会斟酌情形临时决定之。

第十三条　执行委员会认为必要时，得设立各种特别委员会或机关，并得聘任顾问、编辑等委员。

第十四条　本会执行委员会干事局及其他机关人员，均每年改选一次。

第十五条　执行委员会、干事局、特设办事处、特别委员会和特设机关之会议及组织的细则，由执行委员会另定之。

第三章　公　约

第十六条　各工会须实行本会代表大会及执行委员会之决议及命令。

第十七条　如一处或一种工人发生为工人阶级之争斗时，各工会接到本会之通告后，应一致为声势上、经济上或实力上之援助。

第十八条　在同一产业及职业或同一地域内，如有两个或两个以上同等性质之工会发现时，应依本会之劝告，互相让步并成一个工会。

第十九条　各工会间如有争端，须直向本会控诉，听候仲裁，不得互相攻击。

第二十条　各工会对本会有不满意时，得直向本会抗议，或向代表大会控告，不得有破坏本会之行动或言论。

第四章 经 费

第二十一条 各工会应按月向本会交纳常费，其数目由各工会按比例法认定之。

第二十二条 遇必要时，经本会执行委员会之议决，得向各工会征收特别捐。

第二十三条 本会经费发生困难时，得向外界热心帮助本会者捐募。

第五章 附 则

第二十四条 本章程经全国代表大会通过后，即发生效力。

第二十五条 本章程如有不适当处，应由全国代表大会通过修正之。

（《工人运动》，上海泰东图书局，1927 年，第 187–195 页）

第二次全国劳动大会选出的中华全国总工会执行委员名单*

执行委员（二十五人）

林伟民　苏兆征　戴卓民　邓　培　刘文松　孙云鹏
刘少奇　李　森　谭影竹　刘和森　曾西盛　刘公素
梁桂华　吕　棠　何耀全　李　铃　郑绎生　孙良惠
邓中夏　李　成　袁告成　高秀炳　刘俊才　钟伯兰
赵悟尘

（中华全国总工会中国工人运动史研究室编：
《中国工会历次代表大会文献》，工人出版社，
1984 年，第 37 页）

* 本文原载一九二五年五月二十三日出版的上海《民国日报》第三千三百二十七期。

第二次全国劳动大会宣言*

全国工友们！我们现在处在水深火热之中，痛苦万状。不是生活程度日高，工资不够维持，便是工作时间太长，疲劳过度。不是工厂私定苛章，虐待工人，便是监工包工头等，殴辱剥削工人。不是横遭抢掠、欠薪和失业，便是受拉夫、封船、苛捐重税等痛苦。种种事实，数不胜数。我们忍受了这许多痛苦，自然不能低头忍受，而且不得不奋起图存。但是敌人却枪杀我们的战士，拘禁我们的代表，封闭我们的工会，摧残我们的罢工，开除我们的兄弟，监视我们的行动。为什么我们的命这么苦？非明白知道不可。

我们受痛苦的主要原因，就是外国帝国主义者侵略中国。外国帝国主义者为什么侵略中国？无非是想发财。发财就只有三个方法：（一）盗贼中国的财富，如占据矿山铁路收买原料等；（二）剥削劳苦人民，即是以低廉工资役使中国工人；（三）输入洋货。这三种发财的方法，都太不利于中国人民，尤其不利于中国工人。他们的勾当，既不利于中国人民，自然引起中国人民的反抗。而且各个帝国主义者都想发财，彼此之间，不免互相冲突。如是他们强迫中国缔结不平等条约，遣派战舰军队来华；并获得租界和领事裁判种种特权。所以他们能够在华

* 本文原载一九二七年六月出版的《工人运动》。

开设工厂，奴隶中国工人；中国工人如有反抗，他们又能利用特权以压迫之。输入大宗洋货，使小商人和手工业者以及农民失业，如是一部分又变为他们利用的工银奴隶。大部分失业者便变为兵或匪。他们想在中国领土内和劳苦人民身上发财，自然是各国的帝国主义者都想发财，而且各人都想大发其财。如是首先就想瓜分中国，进于共同宰制中国，更进于分途侵略中国。他们各自都培植一派军阀，借图扩充他们自己的势力范围，实现其大发财主义。如是他们培植的军阀，便是蹂躏中国人民的仇敌。军阀受帝国主义者的指使，特别摧残工人和民众势力。

帝国主义者不但用种种侵略的方法，以图发财，还用种种方法，愚弄中国人民，用意在制造一班洋奴，为其发财之走卒，如开设教堂、学校、报馆等方法是。最近帝国主义者和受其利用之军阀官僚，又收买一班工人败类和反革命分子；假借工人名义，破坏工人团体。这班工贼和反革命分子是与工人势不两立的仇敌，却是保障帝国主义者发财的走卒。

全国工友们！我们要睁开眼睛，看清我们受痛苦的原因。明了了受痛苦的原因，方能知道怎样解除痛苦。现在给我们种种痛苦的敌人是国际帝国主义和其一切走狗，那么，只有打倒他们，才能解除我们的痛苦。有了这班帝国主义者和他们的走狗的利益，便没有工人的利益；有了工人的利益，便没有这班帝国主义者和他们的走狗的利益。这是关系工人阶级的生死存亡，全国工友们非一致团结，与这班仇敌作一最后的死战不可。

全国工友们！第二次全国劳动大会于五月一日在广州集会，参加者全国一百六十五个工人团体，到会代表二百七十七人，共代表全国五十四万有组织的工人，一致认定全国工人必须用自己的组织力量，解除自身的痛苦，获得自身的利益；并要力争全国人民所需要的集会、结社、言论、出版的自由，全国工人所需要的组织工会和同盟罢工的自由。而压迫剥削工人阶级和摧残工人自由的仇敌，又非首先打倒不可。

大会并代表全国工人与广东有组织的二十一万农民和数千革命军人联合，而且正式加入国际革命的无产阶级之队伍。因为中国劳苦群众的解放，第一，要由进步的无产阶级领导广大的农民群众；第二，要与世界的无产阶级联盟，共同奋斗，才能获得最后的胜利。

全国工友们！大会为满足全国工人的要求起见，为统一战斗力起见，已正式组织中华全国总工会。从此中华全国总工会便是指挥全国工人奋斗的总机关。

全国工友们！全国工人都觉悟起来了，都纷纷起来组织团体了，都知道为自身的利益奋斗了，现在中华全国总工会又组织起来了，从此全国工人须在中华全国总工会旗帜之下，一致团结，提携着贫农，联络着全世界无产阶级，共同奋斗。

打倒帝国主义！

打倒帝国主义爪牙的军阀！

打倒帝国主义走卒的工贼和反革命派！

全国工人大团结万岁！

全国工农兵大联合万岁！

全世界无产阶级联合万岁！

（依照中央文献出版社 2011 年《建党以来重要文献选编》第二册订正）

文电文稿

发起第二次全国劳动大会紧急启事

全国各工团公鉴：

我工人阶级为谋全国大团结起见，曾于一九二二年五月一日在广州开过第一次全国劳动大会，并由大会委托中国劳动组合书记部于次年召集第二次大会。嗣因二七惨变后，全国工团皆在严重压迫之下，第二次大会竟不能召集，各处工团无不引为遗憾。敝会等以中国各工团应急本阶级互助精神，谋全国一致之团结，特发起于本年五月一日在广州召集中国第二次全国劳动大会，业由敝会等已各派代表在广州设立筹备处，望全国各工团派遣正式代表出席（会员百人以上至一千人者派一人，以上每超过一千人得加派一人），须于四月二十七日以前赶到广州，并须携带正式证书及报告、会员名册等到会为荷。恐通知未周，特登报宣布。

发起者：中华海员工业联合总会、
汉冶萍总工会、全国铁路总工会、广东工人代表会启

（上海《民国日报》，1925年4月8日，第一版）

第二次劳动大会之通电

各工会各团体致全世界电

赤色职工国际转全世界各工会及各革命团体均鉴：在帝国主义军阀资本家几层压迫之下的中国工人阶级，有觉悟的组织起来，备尝艰辛与压迫阶级奋斗，已经好几年了，现在我们全中国工人阶级的代表，当国际工人阶级向其死敌资本家示威的“五一”纪念日，在广州举行第二次全国劳动大会，同时并与有组织的二十余万农民的代表举行联席会议，实行图谋全中国农工阶级的大团结。我们深知劳动阶级要达自己的解放只有自己积极的组织，积极的奋斗，同时帝国主义是一整个的经济系统。欧美、日本各国的无产阶级，假若不与东方各殖民地半殖民国家的被压迫劳苦群众很坚固团结起来，不能根本的推翻帝国主义，我们要实行全世界无产阶级和被压迫的劳苦群众的大团结，全世界无产阶级和压迫的劳苦群众团结起来，打倒帝国主义，打倒一切反动的力量，推翻卖阶级的黄色职工国际的首领，铲除法西斯，全世界职工运动统一万岁！全世界无产阶级革命万岁！中国第二次劳动大会叩柬。

致全国各工会各团体电

上海《申报》、《民国日报》、北京《京报》、汉口《江声报》、湖南《大公报》、广州《民国日报》，转全国各工会各团体公鉴：中国第二次全国劳动大会，今日与广东全省农民大会同时在广州开幕，共有代表四百余人，代表有组织的工农群众五十余万人。当此国际劳动节日全世界无产阶级皆轰轰烈烈一致举行示威，向资本帝国主义进攻，沉睡数千年之中国工农阶级，亦奋然兴起，力谋空前之大团结，以与全世界无产阶级联合进行，推翻资本帝国主义，及封建军阀的历史工作，同时并防止所有卖阶级的工贼，与帝国主义互相勾结破坏，深望全国团工友速起奋斗，强固自身组织，在全国工人大联合的旗帜下，一致要求阶级的、民族的永远解放，全国工农大联合万岁！中国民族解放万岁！世界革命万岁！中国第二次全国劳动大会叩柬。

（广州《民国日报》，1925 年 5 月 1 日，第七版）

劳动节敬告全国妇女

姊妹们！特别是在工厂里做工的姊妹们！

五月一日是劳动节，是全世界的工人和被压迫的人们庆祝阶级的胜利，并且检阅自己的队伍与势力准备向资产阶级进攻的日子。自从一八八六年直至而今，在这一天，全世界的工人们和被压迫的人们都是含着这两个意义，踊跃的热烈的参加“五一”运动。然而，在欧洲大战以前，这个运动的意义还多数含着经济的条件之要求——八小时工作制的要求。到了大战以后，世界的形势已大变了，资本主义已露出他的破绽临到崩坏的时期了，社会革命的时期已开始了。因为资本主义已发达到最高形式——帝国主义，在工业发达的国家内之无产阶级固然要受资产阶级之无情的剥夺与压迫——增多工作时间，减少工资；即在产业落后之弱小国家内的一般平民，因帝国资本主义者要维持资本主义的残喘，尽量的向弱小国家榨取原料与贱价的劳动力及推销市场之故，亦已变为殖民地与半殖民地的被压迫民族，竟已到了颠连困苦的境地了。所以，在这个时候，这个运动的意义，已经是无产阶级与被压迫的平民夺取政权及推翻资本主义与帝国主义的运动了。

中国现在处于资本帝国主义铁蹄下之半殖民地的地位，一方面要受外国资本主义之残酷的经济的侵略，一方面还要遭军阀政治的蹂躏与摧残。而社会上农业经济组织遗传下来的恶劣习惯——宗法封建制度，尚牢不可破。在这个环境当中，一般妇女们特别是女工们，对于这个“五一”运动，更加有严重的意义和密切的关系。

我们知道：中国境内新工业已逐渐发展起来了，外国资本已经深入内地经营各种工业、开设各种工厂了，一般妇女们为生活所迫，已经整千整万的离开她享乐的家庭生活，尝尝工厂中的苦楚生活了。女工在工厂中，做工的时间特别长，而所得的工钱特别少。还要特别受厂规的苛待，工钱任由扣罚，出入毫无自由，甚至一言一动，食饭、大小便等生活必需极为琐屑之言语行动都要受种种的限制。此外，还要受厂主少东之口头上的行动上的污蔑。这是何等痛苦与残酷的事呵！至于被人当作商品看待的任人买卖的婢妾生活，更苦不堪言了。

我们又知道：中国的妇女在现社会，固然没有参与政治的机会，教育与职业都不得平等；即在学校中念书，亦要被人特别看待——出入要受限制，书信来往要受检查；在社会上一般的职业中，稍有插足的机会，便受尽种种的诋毁与侮弄。这又是何等不平而可耻的事！

姊妹们！特别是做工的姊妹们！你们受了数千年来旧礼教的束缚，已沦于非人的生活，更加上外国资本主义的经济压迫、国内军阀政治的蹂躏，更觉牛马之不如了。若还不自醒觉，团结起来，振刷精神，向恶社会制度奋斗，向资本主义与帝国主义奋斗，向国内的一切军阀奋斗，更待何时？

我们虽然受了种种的压迫，蒙着重重的束缚；然而我们的确太困苦了，而且这种困苦是无了期的，与其坐而待亡，何如背城一战。我们不能再忍了，我们已在广州召集第二次全国劳动大会了。准备团结全国的工友，向资本主义、帝国主义和军阀反攻了。

姊妹们，做工的姊妹们！你们要明白：

（一）妇女在现社会最痛苦的地方，就是经济的压迫，经济问题不解决，妇女问题实无从解决，所以妇女运动应注重劳动妇女运动，妇女运动与劳动运动是一而二、二而一的。

（二）目前支配全中国人民的经济生活的，就是帝国主义及其走狗——军阀，你们解除经济压迫的痛苦，必须实地参加民族解放运动。

其次如教育平等、职业平等、打破奴隶女性的礼教、女子应有财产权与继承权、女子应有参政权、工资平等、母性保护，等等，都是你们目前急切需要的。请大家团结起来，努力奋斗吧！

妇女解放万岁！

第二次全国劳动大会万岁！

广东省农会万岁！

工农大联合万岁！

中国第二次全国劳动大会

（中国妇女儿童博物馆馆藏）

致莫斯科赤色职工国际电

莫斯科赤色职工国际中央执行局鉴：中国第二次全国劳动大会出席代表共二百八十五人，代表有组织的工人五十四万。于第一次会议，一致通过正式加入赤色职工国际，参加国际无产阶级革命的队伍。中国第二次全国劳动大会主席刘少奇、苏兆征、邓培、谭影竹、高秀炳、孙良惠、梁子光、关可珍、陈锦泉、冯菊坡、林炳南、秘书长邓中夏仝叩江。

（广州《民国日报》，1925 年 5 月 5 日，第七版）

致上海各报转各工会团体学校等电

上海《申报》、《民国日报》转各工会团体学校报馆全体同胞鉴："五一"为世界劳动示威节，乃上海资本帝国主义者派警协同县知事禁止工人巡行、剥夺华人自由权，藐视我民族实甚。望一致反对帝国主义此种暴行，并进而主张收回租界，根本销灭帝国主义在华势力，以得到中华民族解放。中国第二次全国劳动大会叩江。

（广州《民国日报》，1925 年 5 月 5 日，第七版）

劳动大会之重要通电

全国劳动大会发出通电云，全国各工会工友鉴：此次全国劳动大会系由中华海员工业联合会、铁路总工会、汉冶萍总工会、广东工人代表会所发起，于五月二号正式在广州开会，到会代表二百七十余人，代表工团一百六十五个，全国所有产业重要的工会无不加入。全国工人有此大团结，必能更增长工人阶级的势力，促进中国革命的发展，这是帝国主义者与军阀寝食不安的。于是遂收买一部分工人阶级的败类，捏造海员总工会、铁路总工会、湖北工团联合会等名义，发起各省区工团联合会，乱发通告，反对本次劳动大会之召集，妄加诬蔑，以为是受共产所利用，欲以破坏我全国工人的团结，其处心积虑，为至阴毒。劳动大会不属于任何政党，然而他的份子自可随其政治见解自由加入任何党派，无论共产党或国民党。因为工人阶级必须作政治斗争，将来必须从事夺取政权的斗争，才能得到劳动阶级完全的解放；而这个政治斗争，必须有政党作斗争的枢纽。任何国家资产阶级有资产阶级的政党，工人阶级有工人阶级的政党，否认工人加入政党，便是否认工人阶级作政治斗争，欺骗工人不想推翻现存制度。工人阶级的政党，一定是要成为现存制度统治者的死敌。所以帝国主义者及军阀天天造谣，说“孙中山先生受俄国的收买”、“国民党赤化”，把共产党说得罪大恶极，均不过欲藉以中伤民众对于革命党派之感情，使得革命不能发展。我全国工人试将切身所受帝国主义军阀之压迫及革命党派为工人利益为民众利益奋斗牺牲的精神，一相比较，再细察一般工贼被军阀收买的事实，便不难了解彼辈之阴谋。全国工友们，不要看轻了我们这次团结的力量。只有中国工人阶级一致的联合起来，可以制帝国主义军阀的死命。全国工友们，要努力揭穿帝国主义和军阀的阴谋，努力铲除内部的工贼，齐来联合在革命的旗帜之下，向帝国主义者及军阀进攻。关于工贼等捏造海员工会、全国铁路总工会、湖北工团联合会，及其他团体名义的事实，除各该工会已先后通电声明外，此次劳动大会全体代表一致议决请国民党处置他的党员之属于工贼者，因为在一个革命的党内，决不许反革命的份子参加。同时大会并通电铲除工贼决议案，宣布各地，俾我全国工友不致再受其欺骗，特此通电，咸使闻之。第二次全国劳动大会叩鱼。

（广州《民国日报》，1925 年 5 月 12 日，第六版）

劳动大会助援女工

全国劳动大会昨致函省署云，径启者，前据广东南顺丝厂女工代表区帼英颜柱劳在大会报告，得知广东丝厂主联同闭厂拒绝工人要求，致一时失业者有十余万人之多，查此种工人皆工银低少，工作时间甚长，此与敝会所决定之八小时工作制及最低限度工资之规定，大有抵触，敝会对此，以为援助工农革命政府应有依据女工利益制定工厂法之必要，而对于广东南顺两县长耸使乡中劣绅压迫女工，实与革命政府之政策不符，革命政府亦应有纠正之必要，现南顺两属丝厂仍在闭厂，应请贵省长令饬其开厂，俾十余万女工复业，至女工罢工期内所受损失不少，亦希贵省长令广东失业研究社，予以赔偿。以上意见，曾由敝会一致通过，为此函达仰祈查照，此致广东省长胡，中国第二次劳动大会，五月十日。

（广州《民国日报》，1925 年 5 月 12 日，第七版）

劳动运动复兴期中的几个重要问题 *

——贡献于第二次全国劳动大会之前

邓中夏

自从第一次全国劳动大会开过以来，到现在已经整整的三个年头了。开第一次大会的时候，正是中国劳动运动发生第一次高潮的时候，所以那一次大会，影响所及，更使中国劳动运动更激成奔腾澎湃的怒潮，震撼一世，莫之与惊了。不幸九个月后，京汉“二七”惨变发生，而劳动运动为之一落，全国工人阶级几乎全取纯粹的退守态度。随后虽随时因利乘便，企图改守为攻，究因外界的强暴压迫太甚，终未能恢复旧观。去年北京政变以后，直系军阀势力颠覆，新兴的军阀还在相持之中，帝国主义者亦因政局之变化，而相互间发生冲突的现象。在这时，劳动运动确已进入一个复兴的时期，又有开始第二次高潮的可能。现在上海纱厂罢工，胶济铁路罢工，北京印刷罢工，武汉人力车夫罢工和烟草工人罢工，以及北方铁路工会之恢复，南方海员新斗争的准备，都是这第二次高潮潮信的预告。所以第二次全国劳动大会召集之不容缓，已是明明白白的不用说了。这个第二次大会，确实是一个中国最神圣、最光荣、超越一切

* 本文原载一九二五年五月出版的《中国工人》第五期。

的会议，比之军阀分赃丑声四播的什么善后会议，真是有一朵金花和一团狗屎之别了。我们在这第二次大会里面，自然要把这三年中间一切丰富的经验，大家检查一下，同时我们亦应该将各种运动的重要问题，给全国工人阶级一个完满精密确定的规定与指导。

鄙人不敏，且把我个人的见解，写在后面，贡献于大会之前。

（一）组织问题

在我们这次大会第一个要讨论的重要问题，不用说是“组织问题”。

大家都知道，资本家是最少数，我们工人是最大多数，但是我们向资本家反抗奋斗，往往是我们失败，资本家胜利，这是什么原因呢？旁的原因固然有，而最重要的原因，还是我们没有组织，或者组织不好。

这是有许许多多的实例可以证明的。虽然也有没有组织偶然战胜资本家的事件，但是确系侥幸得来，不足为法；因为乌合之众，虽然有时用迅雷不及掩耳的手段，吓得资本家手足无措，不得不容让屈服，但这种“纸老虎”，以之吓“暴出河”的资本家有时或能生效，若以之吓“老精怪”的资本家那就碰上钉子要倒霉了。上海洋资本家开设的工厂，所有罢工，十次就有九次失收，就是因此。所以我们人数虽众，我们如不紧紧的组织起来，组织得像军队一样，那么向资本家作战，是没有用处的。所以组织问题是我们当前第一个重要问题了。

这里分三段来说明。

（一）组织的性质与作用——首先要弄明白的，就是我们的组织，决不是什么同乡的组织，也不是什么帮口的组织，他是一个阶级的组织。只要是卖劳力赚饭吃的工人，便是同一阶级，便应该不分籍贯、性别、老少都组织在一起。因为同一阶级的人，所受的痛苦是一致的，要求的利益也是一致的。并且这个组织是一个斗争的组织，显明些说，它是为了工人阶级的利益向资本家作战的组织。只有我们的组织发展与坚固，才能战胜资本家，才能使我们的利益之获得并保障。我们并且要从此种组织去促进我们所有工友更深切的觉悟力，去训练我们所有工友更勇决的奋斗力，在另一方面，故这种组织又是教育工人群众的。

（二）组织法的原则——组织法的原则有两种：一种是“产业组合”。什么叫做产业组合呢？比方一条铁路，是一个产业，所有机务处、车务处、工务处、养路处等等，都属于这一个产业。在这铁路产业底下做工的人，不论是在哪一处，开车升火也好，打旗挂钩帮机也好，修车擦车也好，火车上卖茶的也好，车站上帮运的也好；总而言之，都要组织在一个铁路工会里，这就叫做产业组合。其他可以类推。一种是“职业组合”。什么叫做职业组合呢？比方机器匠是同一个职业，于是各个产业中把机器匠这一部分的工人，分了出来，不论是在哪一个工厂，铁路上的机器匠也好，轮船上的机器匠也好，纱厂里的机器匠也好，自来水厂的机器匠也好，造船厂的机器匠也好；总而言之，都组织在一个机器工会里，这就叫做职业组合。其他可以类推。

我们现在把两种组织法的得失来比较一下。（一）产业组合可以使工人团体的势力扩大而统一，因为他是以产业机关为本位的，并且是以产业类别而有全国组织的。反之，职业组合则完全相反，因其每一产业机关里的职业，少者数种，多者数十种，那么以职业来区分，不是每一产业机关要组织数个或数十个工会吗？虽有以职业谋全国组织者，但是新式产业发达的结果，资本家的营盘（产业机关）是整个的，我们却由整个中划分出来，零零碎碎的结合，这不是破坏工人的营盘吗？何能损坏资本家势力之毫末。（二）产业组合可以致资本家的死命。比方罢工，假如是一个产业机关全体工人一致动作，资本家把它没法。反之，职业组合又与之相反。比方一个厂，有一部分罢工，有一部分不罢，资本家便可以操纵于其间，消极哩，不理；积极哩，开除。即或不罢的一部分工人后来也起而援助，同情罢工，但是晚了，资本家已布置妥贴，施以小计，便可把我们的战线破坏无余了。（三）产业组合可以消除工人间之等级。因为厂中有熟练工与不熟练工之分，然而产业组合则不分熟练与不熟练，只要是卖劳力赚饭吃的工人，便组织在一起，所以不致再有等级发生。反之，职业组合却恰恰相反。熟练工组织在一起，不熟练工组织在一起，他们两者的工钱与地位是不同的，自然发生熟练工瞧不起不熟练工的坏现象。不熟练工依然是工人本色，依然谨守阶级战线，而熟练工却变成了工人中的“贵族”了，却离去工人地位而附属于资本家甚或为资本家的走狗了。

产业组合比职业组合好，既如上述。但是职业组合在目前在有些地方亦有相当的用处。如手工业中就可采用他（裁缝店、理发铺、泥水作……等）。因为手工业的小工厂作坊采用职业组合，是没有害处的。并且可借此去改善那些“行会制度”、“公所制度”，引导它们从原始组合到阶级组合来。总结一句话，新式工业是绝对宜于采用产业组合的，若手工业亦可采用职业组合。若新式工业里亦用职业组合，直接是破坏产业工人整个的势力，间接是帮助资本家，那是我们要彻首彻尾的觉悟的。凡新式工业中之已采用职业组合者，要赶快改变过来才是。

（三）组织的系统——一个军队，三班为一排，三排为一连，三连为一营，三营为一团，二团为一旅，二旅为一师。为什么要这样？因为这样才便于指挥，才能够和敌人作战。资产阶级便是我们工人阶级的敌人，他们一天不倒，我们一天受苦，所以我们要不断的和他们作战。我们亦是一个阶级的军队呀！假使我们的组织系统，不与军队相仿，那么何从指挥呢？何从指挥去和资产阶级作战呢？我们因受不了暴虐的待遇，无情的压迫，天天高叫“打倒资本家”，如果组织不严明，不是放空炮吗？

工会组织的系统应该是这样：“支部”设一“干事会”；干事会之上有“工厂委员会”；工厂委员会之上有工会“执行委员会”，便成为某个产业机关的工会。再由此地彼地同一产业的工会，组织全国某产业总工会“中央执行委员会”。

“支部”为基本组织，也叫做基本单位。依工作部分而分（如纱厂之粗纱间、细纱间、摇纱间、打包间……等；铁工厂之车床部、打磨部、翻砂部、锅炉部……等）。支部之下，可组织若干小组。人数不必拘定，少则五人，多则十人，均可（类似十人团）。由各支部下之小组代表大会（他是该支部之最高机关）选举三人组织支部的“干事会”，执行某一间或某一部的各项公务。由各支部代表大会（他是一厂的最高机关）选举五人或七人组织某厂“工厂委员会”，执行这一厂的各项公务。再由各厂代表大会选举七人或九人组织某产业工会的“执行委员会”，执行这一个产业机关的各项公务。更进一步，由此地彼地同一产业的工会代表，召集全国大会，选举若干人组织全国某产业总工会的“中央执行委员会”，执行全国某产业的各项公务。

这里对于“支部”的作用须得解释一番。“支部”这样东西他在组织上是有严重的意义，我们不可忽略看过的。因为新式产业的工厂里每一工作处是他的单位，我们就在每一工作处组织一个支部，这个“支部”便是工厂的核心。其职能有数种：（一）“支部”是工会的基础。只有支部组织好，然后上层构造的工会才不至于发生动摇；我们看见许多工会或是软弱无力，甚至逐渐解体，就因没有做建立基础——组织支部这一步工夫哩。（二）“支部”是训练工友的养成所。全体大会因客观情形之限制，是不容易开的，所以使个个工友都得着训练的机会，只有支部有可能，因为每日同在一处，人数也不甚多，所以开会是轻而易举的。（三）支部是便于战斗的武器。发生大罢工，固然要靠各支部羁勒部伍以听工会之指挥；如发生小事件，此小事件又仅限于某一工作部分（如管工打人或开除一二人等事件），那就犯不着小题大做，举行全厂大罢工。只由支部当工友入厂的时候，向工友说明事实，并决定本工作处举行若干时的罢工或怠工，这种威力是可制服资本家的。这种手续也不要多少预备，只数分钟便可以实现。所以“支部”在组织上占有极重要的地位。他不仅在工会公开的地方应该进行，就在严重压迫的地方亦极其适用。因为在严重压迫之下，工会即令不能进行，然而支部是潜伏于一工作份的小组织，可以避免厂家的压迫，即使厂家发现了这种组织，亦不能消灭全部，除非工厂倒闭或将全部工人开除，才能消灭全部。

关于组织的系统，我们还有两点要说：

一是“地方组合”，就是不论你是哪一个产业的工会，只要是在一个地域内，都得联合起来，共同组织一个某地方的“工团联合会”。二是“全国组合”，就是不论你是哪一种产业的总工会或哪一地方的工团联合会，只要是在一个国境内，都得联合起来，共同组织一个某业的“全国总工会”。

工人阶级要有地方组合和全国组合的理由，是很明白的。“团结即力”是我们唯一的信条。我们团结，不能存狭隘的眼光，以为只团结某一个产业机关的工友就满足了，我们还要扩而大之，扩大到一个地方的团结，更扩大到全国的团结，并且要扩大到全世界的团结。因为资产阶级是整个的，我们工人阶级亦是整个的，我们如要推翻整个的资产阶级，那么我们须有整个的工人阶级的团结，才有可能。你不看见资产阶级方面的组织吗？不仅一个公司的组织是很严密的，他们还有地方的全国的世界的组织。比方上海，纱业一项，日商华商各有“纱业联合会”，其余类推。此外各业联合组织的，外商华商各有“总商会”，各国联合组织的，又有所谓“万国商会”。工友们！试想：他们这样的严密组织，用这样严密组织压迫我们，我们已是难以抵抗，况且他们还有国家、政府、法庭、警察、军队，种种的组织，来重重压迫我们，我们如不有大规模的统一组织，以与之对抗，以与之搏战，试问我们工人阶级哪能战胜资本家而得到解放之路呢?

我们这次大会，讨论组织“全国总工会”是绝对必要的。我以为决定这次大会成绩有没有，头一件便看“全国总工会”成立不成立。至于全国总工会的组织法及章程，我此地不能细说了。

(二)经济斗争问题

其次，我们这次大会应该讨论的重要问题，就是“经济斗争问题”。

在帝国主义和资本制度没有根本推翻以前，工人阶级的经济问题是不能够得到圆满的彻底解决，这是我们大家一致确信而无疑的。但是我们在此时亦应尽我们所有的力量，为经济生活的改善而奋斗，奋斗到帝国主义和资本制度根本推翻为止。

我们现在提出经济斗争的几个大的目标来:

(一)八小时工作制——四十年来，欧美工人阶级即为八小时工作制而奋斗；至欧战后，资产阶级为缓和无产阶级革命，曾在所谓“国际联盟”里，规定各国皆采用八小时工作制；独日本与中国说是有特别情形，规定十小时工作制。什么特别情形呢?真是日本中国工人的身体比欧美工人格外强健些，可以做十小时工作吗?不是的。不过因为中国、日本工人的组织没有强盛，革命的潮流没有高涨，他们以为可欺，这就是所谓特别情形罢。可恶呵!不仅八小时工作制不能行，就是十小时工作制又何曾做到。请看国内工厂普通不是十二小时以上的工作吗?甚至还有十八小时的工作哩。而且都是整天的站立着作工。

孩童与妊妇亦然。一个人做了十二小时以上的工作，其疲倦辛苦何如？无怪工人要得脚肿病、肺结核病了。无怪工人死亡率要逐年增进了。至于工人因工作时间无教育、无娱乐，犹算小事。所以我们经济斗争之第一要事，就是要求八小时工作制。

（二）最低度的工资——中国工资至不齐一，大概的标准是这样：粗工：纱厂每月平均九元，钢铁及机器十五元。精工：纱厂每月平均十六元，钢铁及机器二十五元。女工童工，其工资更为低下。由此可知中国工资比世界任何国家为少。以日本资本家所办的纱厂做个例：在日本国内的纱厂工资，平均男工日币一元五十四钱六厘，女工一元二十二钱五厘。在中国境内的纱厂工资，平均四十九钱五厘，女工四十六钱一厘。日本一工可在中国雇佣三工有零。中国工资如此之低下，何怪洋资本家不在华遍地设厂呢？当此百物腾贵，十年以来，物价均超重过数倍以上，然而工资并未增加，独身工人所得工资已有不能糊口之虞，若五口之家更何能免号寒啼饥之苦。所以我们经济斗争之又一要事，就是要各地斟酌生活程度，规定一个最低的工资率来，资本家雇用工人，工资最低限度不得少于此数。

（三）反对一切虐待——中国境内不论是洋商的或华商的工厂，厂家对于工人待遇异常残酷，克扣、罚工、非刑拷打、开除……种种暴虐行为，罄竹难书。工人的身体既遭荼毒，工人的人格亦被侮辱，言之伤心，思之下泪。工人出卖劳力而吃饭，竟受此惨无天日之虐待，真奴隶牛马之不如。所以我们经济斗争之又一要事，反对一切虐待，务要将厂中不合理之管理苛章与无人道之管工人员，尽行撤废及驱除。

（四）女工、童工生活的改善——资本家之喜用女工和童工，自然是因为他们工资极低，可以多得利润；体力较弱，可以任意欺负。女工和童工在工厂中的苦况，除掉受男工一般的苦楚以外，还有其他不可计数的痛苦。工资比男子成年工为低，而工时却是一样，此外女工遭管工之调戏侮辱，妊妇之无休息时间，不准携儿入厂哺乳；以及童工做笨重工及危险工，不仅妨害身体发育，而且危及生命安全。所以我们经济斗争中，女工、童工生活的改善，亦为必要。做同样的工作，必加至同样的工资，其厂中并应为女工、童工设置特别之设备与教育娱乐等机关。十六岁以下的童工，只能作六小时工作，工资仍旧。

（五）劳动保险——劳动保险的范围，有健康保险、残废保险、失业保险、老年恤金、死亡恤金及遗族恤金等种种。试问中国工厂有实行者否？我们经济斗争，对此点亦宜注意，应限令资本家对于工人因工作上及其他故障，不能作工的时候，给以经济上的补助，以维持工人本身的疗治和生活，并减少工人家属生活的困难。此项保险金或抚恤金皆应由资本家完全负担。

以上为我们经济斗争之较大事项，其他暂缺不录。但是我们怎样去达到这些要求呢？据历来的经验与教训，磕头请愿是无半点效果的，惟有靠我们的组织力，利用时机实行罢工或怠工的手段，才能强制资本家屈服承认而执行。

至于互相援助的方法，则第一次大会“罢工援助案”所定者虽然简约，还可供参考。兹撮录于后：

“（一）凡遇某地某工会发生罢工时，应设法通知全国各工会；或即以现在的中国劳动组合书记部担任通讯义务（按：此项条文现在当然要全改）。

（二）凡某地某工会知道别处有罢工事情发生时，即通知各会员干下列各事：（甲）一处罢工，所有工人均不受该处东家之雇请；（乙）派人慰问或通讯慰问；（丙）派人帮忙办理事务；（丁）捐助经费以维持罢工伙食；（戊）如东家势力强大，不易压服，则举行相当程度之同情罢工。”

末了，我们须得郑重一说的，就是一个经济斗争，同时也是政治斗争。我们千万不可专为经济斗争的狭隘意义所囿，而忘记了政治斗争。须知经济问题与政治问题有绝对之关联，如政治问题不解决，经济问题绝对没有解决之可能。所以我们须把经济斗争接连着政治斗争乃有意义。这是我们不可一时忘记的。

（三）争自由运动问题

再其次，我们这次大会里要讨论的重要问题，应该是“争自由运动问题”了。

我们工人没有自由的痛苦，真是罄竹难书。中国的临时约法，明明规定“凡是中华人民”的种种自由权，我们工人却被驱逐于“中华人民”范围之外，是不能享受的。你看，商人可以组织商会，银行界可以组织银行公会，教育界可以组织教育会……总之，什么人都可以组织会，只有工人不可组织工会，不是禁止，便是封闭。又看，官厅的小官僚可以罢官，学校的教职员可以罢课，甚至警察也可以罢岗……总之，什么人都可以罢，只有工人不可以罢工，不是捕人镇压，便是派兵打散。此外如开会、言论、出版，都是一样，只有工人没有自由。不但如此，他们还定了什么罢工刑律，什么治安警察法，以及什么取缔工会的种种条例，唯恐其不多，唯恐其不密。重重网罗，啼笑皆罪，你看压迫阶级是何等毒辣横暴呀！

我们历年来所受不自由的痛苦不少了，我们自“二七”以后更感觉着自由是我们的第二生命。因为没有自由，便不能使工会发展；没有工会，便不能取得和保障经济利益。所以自由是工人阶级所急切需要而不可少的东西，简直和菽粟水火一般。

有些朋友，以为去年北京政变，“直系军阀吴佩孚倒了，我们的敌人去掉了，我们从此可以自由了，北方不是逐渐恢复了工会吗？各处罢工的运动不是多半得了胜利吗？”其实这不过是这些朋友久困复苏后一种直觉的快感，而事实却不是这样。事实是怎样呢？直系军阀的势力诚然颠覆了，杀我们的刽子手吴佩孚诚然倒了，但是我们在此时能够稍为发展，不过是继承的军阀尚有剧烈的冲突，帝国主义在华势力亦发生新的变化，而国民革命势力亦有相当的增进的原故。但是奉系军阀张作霖、安福军阀段祺瑞，以及其他新兴的军阀，能够好过于吴佩孚吗？帝国主义相互间在中国政治上的政策尽管冲突，而对于民族革命势力特别是工人阶级的势力之伸张，是他们所能容忍的吗？我们真自由了些吗？请看上海日本纱厂大罢工，奉系军阀的爪牙（上海警察厅）是如何帮助外人压迫同胞？英美帝国主义的报纸和巡捕房是如何帮日本压迫中国人？工友们！我们仍旧没有自由呵！我们仍然要继续“二七”争自由的壮举而奋斗而牺牲。我们争自由的大目标是三个：

（一）组织工会的自由；

（二）集会言论的自由；

（三）同盟罢工的自由。

我们怎样去争得这些自由呢？我们这次大会应该有明确的规定。我以为下列几项是必要的：

（一）定“二七”为中国工人争自由的纪念日。“二七”之役虽是京汉路为成立他的总工会而起，然而他确是争自由的开始，确是为全国工人争自由的壮举。应规定为中国工人争自由的纪念日。每年在这一天全国各地应举行广大的示威运动，一方面追悼为我们争自由的死者，一方面提出争得自由的呼声向政府严重警告。

（二）要求政府废除罢工刑律及治安警察法。可以联合各界表同情的人士共做。北京曾发生了过“废止治安警察法运动”，我们要连络各地各界做此项运动，同时并举。

（三）参加废止出版法这一类的运动。上海租界还有印刷附律，华人全体反对，我们亦应表同情并参加之。因为这些东西虽不为工人而定，然而于工人自由的剥夺，是与各界一样的。

（四）反对政府制定什么工会条例、工人协会法以及工会规程（湖南有）这一类束缚工人自由的法律。因为政府制定对于工人的法律，不出两个大原则：一、根本不愿意纯粹工人的团体成立［如会员要劳资合组或工人与高级职员（资本家的爪牙）合组之条款］。二、成立的可以随意由政府取缔和解散。所以这种法律有不如无。

（五）政府如制定劳动法或保护劳工法时，须准全国各地总工会代表出席，共同订定，否则，绝对无效。

（六）如政府制定何项选举法时，我们工人应发起争选举的运动。因为争得选举可以使我们的代表出席，可以将我们取得自由及改善劳动条件的议案提出，可以揭破压迫阶级的黑幕并监督其行动。此次军阀的善后会议通过之国民会议条例，不依孙中山先生之职业选举，我们不能承认。

（四）参加国民革命问题

这里还有一个很重要很重要的问题，就是“参加国民革命问题”，我们这次大会应加以详密的讨论，确定一个合理的正确的态度。

“国民革命”亦叫做“民族革命”。各阶级对于国民革命之目的各有不同：封建阶级参加国民革命，是为了他民族侵犯贵族的威严与领土；资产阶级参加国民革命，是为了他们的产业发展和他民族起了竞争；然而无产阶级参加国民革命，却是为了要推翻一切民族中资产阶级的资本帝国主义及其工具——封建军阀之压迫。故国民革命是无产阶级解放运动之必要的初步。因为资产阶级固然是我们的仇敌，而帝国主义和封建军阀尤其是我们目前最厉害的两个仇敌。我们必得参加国民革命先打倒这两个最厉害的仇敌，得到初步的解放，再进而实行社会革命，打倒资产阶级，以得到全部的解放。总而言之，无产阶级参加国民革命，不是附属什么资产阶级而参加，乃是以自己阶级的目的而参加；所以我们在国民革命中应以自己阶级的利益为前提的。

就国民革命要求的本身上说，他虽不过只推翻帝国主义在中国之特权（关税权、领事裁判权、租界权……等），并不根本没收帝国主义在中国之一切经济机关（工厂、洋行、银行……等）；虽只打倒封建军阀的政治，并不没收国内一切生产机关；

虽只主张建设对外的民族独立和对内的民族统一国家，并不主张建设“工人政府”或“无产阶级专政制”；然而我们无不参加在国民革命中去，推翻帝国主义之侵略，打倒封建军阀之压迫，固然已可得到一部分的利益与自由，若是我们无产阶级在国民革命中表现独多的力量，那么我们无产阶级特殊的利益要求：（集会、结社、言论、出版、罢工的自由，八小时工作制和最低度工资的规定，以及取缔苛待，改善待遇，劳动保险等），不断的去奋斗，亦可一步紧一步的去取得。就目前国民革命的现象来看，他确有左倾的趋向，这就因为我们无产阶级参加而奋斗之故。所以我们可以大声说：殖民地半殖民地里国民运动如不顾及工人的利益要求，那便是假国民革命，不是真国民革命。所以我们对于国民革命是为了阶级利益而参加的。

复次，我们知道资本主义发达而资产阶级得势以后，一切政治的、经济的、军事的权力，都给他们把持了，垄断了。政府、国会、法庭是他们的；工厂、机器、铁路、矿山、田地、船舶也是他们的；军队、警察、侦探和一切军需用品枪械、大炮、飞机、军舰都是他们的。他们有了这些东西，所以能够对无产阶级施行横暴无比的压迫与残杀。中国的资产阶级虽因有帝国主义和封建军阀之阻碍而尚没有充分的得势，然而已经开始了。假使我们不努力，听资产阶级安然去取得一切权力，那么我们将来的命运一定更要坏。所以我们此时固然要作目前的经济争斗，然而尤应要作目前的政治争斗，因为不如此，则无产阶级因无政权的原故，目前固踏践在帝国主义和军阀的铁蹄下，将来必钳束在新兴资产阶级的铁网里，其痛苦永不能够解除，幸福永不能够得到。现在中国目前的政治争斗就是国民革命。无产阶级从事国民革命：（一）固可使我们目前的经济斗争和经济组织得到若干的自由与机会，能够更使之格外发展，格外稳固；（二）并可使我们在政治上的地位与势力日见增长而巩固，消极方面得防范资产阶级在革命中之妥协软化，并制止其在革命后之政权独揽；积极方面，造就我们在政治上的深厚的基础，为将来建设“工人政府”或“无产阶级专政”预为准备。政权不是从天外飞到我们工人手中的，是要我们从实际政治斗争去一点一滴的以至于全部的取得。政权我们不取，资产阶级会去取的。所以我们对于国民革命，即为了取得政权而参加的。

复次，更放大眼光来观全世界，我们又知道自从欧美资本主义发展到帝国主义，他直接的间接的支配了全世界之经济与政治，资产阶级的资本帝国主义之统治成了整个的，我们无产阶级对付他们的革命运动也成了整个的。全世界各民族的经济发展程度不同，革命的性质亦随之而异，如在欧美资本制度发达的国家，遂形成无产阶级的社会革命运动，在东方殖民地半殖民地的国家，遂形成多阶级的国民革命运动。虽然这两种革命之性质不同，而革命之目的却有一共同点，就是推翻资本帝国主义；前者成功固然影响于后者，后者胜利亦有助于前者，两种革命运动都含有世界性，这两种革命运动汇合起来，才是整个的世界革命。中国还不是资本制度完全成熟的国家，同时却又是帝国主义侵略之半殖民地的国家，所以中国目前并不是一个单纯的无产阶级的社会革命，而是一个复杂的多阶级的国民革命。这种国民革命：（一）可对帝国主义施以最大的打击。殖民地半殖民地的财富，是维持帝国主义生命的源泉，国民革命把此源泉断绝了，帝国主义的江山去了一大半，不倒而自倒。

（二）可以使无产阶级的势力更加扩大。各国无产阶级虽有国籍的不同，而受资本帝国主义压迫的痛苦则一致。须得全世界联合起来，准对资本帝国主义进攻，并根本推翻之，然后才能得到全部的解放。（三）即从消极方面说，殖民地半殖民地的资产阶级，特别是买办阶级，他们的老板就是帝国主义，如果我们把他们的老板打倒，擒贼擒王，那么国内的资产阶级亦容易连带的推翻了。所以我们对于国民革命，又是为的实行世界革命得到全部解放而参加的。

总而言之，国民革命是无产阶级解放运动之必要的初步。他参加国民革命是为了他自己阶级的目的，推翻目前两个最厉害的仇敌——帝国主义和封建军阀。同时他并不放弃阶级斗争，而且必要阶级斗争，打倒外国的资本主义，也反对本国的资本主义，并从此国民革命引导到无产阶级的世界革命，完成他历史的使命。所以这次大会里，对于参加国民革命问题，应有一个合理的正确的决议，以为全国工人阶级之指导。

（五）工农联合问题

还有一个重要问题也要在大会里讨论的，就是“工农联合问题”。中国自从资本帝国主义用武力强迫中国销售外国工业品以来，农民破产和失业的速度异常猛烈。一千九百年影响全国的义和团运动，便是农民对于帝国主义的第一次大反抗。辛亥革命后，帝国主义所扶植的军阀战争，连年不息，加以贪官污吏之横征暴敛，地主劣绅之鱼肉把持，以致农民生活愈益困难，失业愈益普遍，于是到处发生土匪，其实便是一种变相的农民反抗运动。所以中国农民群众实早已由帝国主义、军阀政治、重租、苛税、高利贷……等等，驱之于反抗动乱之一途。近年来如湖南、陕西、广东等省的农民运动，已由原始的自然的农民反抗运动而进入于经济组织与政治斗争，已表示他们是中国国民运动中的重要成分。这种现象，特别是在广东已有组织之十六万农民群众中可以看得出来。

工人与农民，因地位关系，利害关系，可说是天然的同盟者。

我们工人固然不能忽略了城市劳动者之紧紧的团结，然而为增厚援军以打倒共同敌人，亦不能忽视了与乡村中农民之紧紧的联合，因为农民占全国人口百分之八十，其数量远超过我们数百倍以上。我们工人阶级要领导中国革命至于成功，必须尽可行的系统的帮助并联合各地农民逐渐从事于经济的和政治的斗争。假使没有这种努力，我们希望中国革命成功以及在国民革命中取得领导地位，都是不可能的。

广东全省农民协会，本年五月一日与本会同在广州省城举行全省农民代表大会，本会应与开一联席会议，讨论共同奋斗的目标，以及彼此间结合之方法与互助之计划。

（六）国际联合问题

末了，我们这次大会要讨论的重要问题，就是“国际联合问题”了。

这里我们随便举出一二件极浅近的事实，可以证明国际联合之必要：

从经济斗争上说：比方这次上海日本纱厂罢工，日本资本家破坏罢工之一手段，便是想从日本国内的纱厂中，调一批日本工人来华，替代中国工人；幸而日本工人深明大义，起而反对，于是资本家的诡计遂不得逞。现在中日无产阶级的国际联合还未建立，尚且如此，假使建立了，日本国内纱厂亦举行同情罢工，不是更足以制资本家的死命吗？

从政治斗争上说：比方俄国无产阶级革命后，劳农政府成立，于是各资本家帝国主义国家，大惊失色，调遣军队去打，特别以英国政府为尤烈，英国的无产阶级大家起来反对，事遂终止。那时英俄无产阶级的国际联合并未建立，尚且如此，假使建立了，同时英国亦起革命，不是更给帝国主义一个致命伤吗？

由此可见国际联合之必要了。我们不仅是此一国与彼一国的无产阶级要联合，而且扩而大之，全世界各国间的无产阶级要有总联合，因为自从资本主义发展到帝国主义，他们掠夺无产阶级的方法国际化了。在经济组织方面，他们有所谓“托拉斯”、“星迪加”；在政治组织方面，他们有所谓“国际联盟”。这些是他们集中力量压迫世界无产阶级的好工具；在这样组织的下面，这国的资本家与那国的资本家连成一气，不分彼此的共同对付工人阶级。假使我们工人阶级不越过国界联合起来共同对付资本家，我们真会死无葬身之地了。

欧美各国的国际联合，数十年前便已实行了，至一九〇二年更有进步，各国组成一个“国际工会书记部”，此外各种产业还组成一些产业国际（如纺织工人国际、五金工人国际等）。不过至一九一四年欧洲大战的影响，被卖阶级的工会领袖们所破坏瓦解了。至一九一七年欧战告终，俄国大革命，于是国际运动又勃然而兴。

现在世界的工人国际有两个：一个在俄国之莫斯科，叫做“赤色职工国际”；一个在荷兰之亚姆士丹，叫做“国际职工协会”。这两个国际，我们究竟应该加入哪一个呢？我们加入的标准，最好看他们哪一个是真正为无产阶级解放而奋斗。原来亚姆士丹的“国际职工协会”，现在尚在社会民主党手里，社会民主党是主张改良的，换句话说，主张维持资本制度，要工人忍耐着吃苦，好好替资本家作工，不要说话。社会民主党这种勾当，简直是资本家的走狗，出卖工人阶级的蟊贼。若莫斯科的“赤色职工国际”却不然了，刚刚与社会民主党的主张相反。他是主张工人要革命，因工人不革命，资本制度不倒，工人的幸福是绝对得不到一丝半缕的；工人如不欲解放则已，如要解放，除了革命，并且是联合世界无产阶级共同革命，绝不可能。所以他只主张工人统一的联合战线，根本推翻资本制度，打倒帝国主义。由此可看出谁是真正为无产阶级解放而奋斗的了。所以我们在这样显明的路途上，我们是毫不犹豫主张加入“赤色职工国际”的。

我们这次大会固要决定加入“赤色职工国际”，并且对于与国际结成亲密的关系之种种方法，亦要有具体的规定。

（依照中央文献出版社2011年《建党以来重要文献选编》第二册订正）

“五一节”与第二次全国劳动大会*

赵世炎

五一节是什么日子呢？五一节是无产阶级和资本家实行斗争的纪念日，是工人因团结而得到胜利的纪念日，是无产阶级表现自己的能力使资本家屈服的纪念日。

全世界无产阶级的工人们为什么要在每年的今天集成武装的队伍作大规模的示威运动呢！他们这种示威运动不仅是纪念美国工人八小时工作运动的成功，而是为的继续斗争使各国工人得到同样的胜利；不仅是对于以往的庆祝，而是要召集自己的军队严密整齐地作将来革命的训练；不仅是回忆过去的陈迹，而是预备要勇猛积极地参加更进一步的斗争。

因此，在每年的今天，工人们和资产阶级的走狗总要发生许多的冲突，无产阶级的武士总要流许多鲜血；同时，世界革命的潮流在今天要特别的高涨，无产阶级革命的途程在今天要特别猛进，许多使资产阶级发抖的大运动要在今天爆发。历史上最有名的例：一九一六年的今天德国的工人们因反对欧洲资产阶级的国家——尤其是野心勃勃的威廉——役使无产阶级的大屠杀，联合作罢战的运动；一九二〇年的今天德国的工人又

* 本文原载《京报副刊》第一百三十五号“五一”特刊，署名：识因。

联合作承认苏俄的大运动。在我们中国，一九二二年的今天便是第一次全国劳动大会在广州开幕的日期。在今年的今天我们中国的工人们应当同声庆祝，一般平民都值得去注意的便是正在广州举行的“第二次全国劳动大会”。

这一个全国劳动者的大结合正当最可纪念的五一节，一般民众对于他的历史和意义无论如何都应有充分的了解。

第二次劳动大会是继承着第一次劳动大会来的。我们半殖民地的中国劳动者受着本国资本家和外国资本家的共同掠夺，工作时间特别的加长，劳动力特别的低贱，又受着帝国主义者操纵的军阀的武力压制，团结比较困难，组织不容易成功，各国都有轰轰烈烈的劳动运动，中国劳动者仍然是一盘散沙。经过许多奋斗，经过百折不回的进行，才于一九二二年（民国十一年）由中国劳动组合书记部在广州召集全国劳动者的代表开了一个空前的大会。这就是中国第一次的全国劳动大会。

第一次的全国劳动大会是中国无产阶级团结的开始，讨论了劳动者本身的许多重大问题，决定对敌人作战的方针，是中国劳动运动的新纪元，是中国无产阶级斗争史上值得大书特书的一件事。在这次大会里以决定每年应召集全国劳动大会一次；决定第二年在汉口开第二次全国劳动大会。因为没有成立全国总工会，召集的责任仍托中国劳动组合书记部执行。

劳动者的团结刚才开始，反动势力的压迫突然降临。震动全世界无产阶级的“二七”惨变就于第二年发生了。英美帝国主义支配着的直系军阀吴佩孚、萧耀南用极残暴，极凶恶，外国资产阶级所不敢用的恶毒手段把各铁路的工会完全封禁，肆力摧残。武汉的工团被萧耀南打得落花流水。全国的工人组织不是封禁，也是在严重压迫之下。第二次劳动大会无法召集，方才萌芽的工人运动受了这一个重大的打击表面上消沉了两年。

但是这个消沉的形势仅仅是表面的，各地劳动者仍旧暗中进行，暗中组织，百折不回，再接再厉，两年之中有了不少的成绩。他们经了从前的失败，得了不少的经验，由散漫的群众进而为最新式的工会组织。

去年直系军阀倒台，工人乘机谋公开的合法运动，各铁路工会和总工会都次第恢复。全国工人都感觉大团结的必要，特由汉冶萍总工会，全国铁路总工会，中华海员联合会，广东工人代表会等团体发起第二次全国劳动大会，地点定在广州。全国各工团人数在一百以上一千以下的都可派代表一人，千人以上的加派一人，于四月二十七日以前赶到广州，五月一日正式开会。这次参加大会的工团比较第一次要多数倍，代表将超过五百人。这次大会的结果将要产生全国总工会，并要和广东农民团体联络，结成劳农的联合战线。

依据上面的消息，我们看出这次全国劳动大会有几点特别的意义。

（一）由几个重要的总工会联合发起，自行召集，自行筹备，表示中国劳动者已有充分的阶级觉悟，知道要同资本家宣战，先要有本阶级的大团结。

（二）从前工人是散漫的，现在各地工会都采用新式严密的组织，这次的正式代表预计有五百人，代表数十万劳动者，并且要组织全国总工会。这是对于帝国主义者、军阀、资本家的一个大示威，是对于资本主义下总攻击的开始。

（三）贫农与工人本有密切的关系，在无产阶级未得政权的时候，他是援助工人的生力军，在取得政权以后也是共同支撑危局的中坚分子。工农应当同盟，不仅在俄国如此，在世界各国都应如此。在半殖民的中国，农民受军阀、帝国主义、买办阶级、大地主的压迫，感觉的痛苦和工人相差不远，尤其有联合的必要。广东农民组织特别发达，有五十几处，在今天，他们也要开大会纪念劳动者的节日。这次大会要和他们结成亲密的关系，这是中国劳农实行联合的开始，增加革命军的力量，使无产阶级取得政权的时期愈见接近。

全国的工人们，农人们，和同情于无产阶级的平民们，在今天我们应当同声欢呼：

工农联合万岁！

全国总工会万岁！

第二次全国劳动大会万岁！

一九二五年五月一日

（依照人民出版社2013年《赵世炎文集》订正）

今年五一广州之两大盛举*

十万以上之工农兵大示威
空前未有之工农代表联席会议

罗亦农

谁也知道在欧美、日本各野蛮的帝国主义与封建军阀互相勾结而形成的目前中国时局之下，仅只广东一省比较自由，积年被压迫的劳苦群众得有组织的表示他们的志愿和不平，公开的与他们的敌人奋斗。

昨天——全世界无产阶级检阅自己的力量和向资本家压迫阶级示威的五一劳动节，在广州举行了十万人以上之大示威游行，参加者不仅广州的工人，并有全国第二次劳动大会的代表，广东全省第一次农民大会的代表和广州的青年革命军士。在帝国主义、军阀严厉摧残之下的中国工人，能于国际无产阶级的示威日召集全国第二次劳动大会，已算是历史上重大的事件。素无阶级觉悟、无团结的中国农民群众，居然有广东全省农民代表大会出现，更加是历史上的盛事，何况工农兵三种被压迫的群众，同在一块向帝国主义、军阀、资本家游行示威，不仅

* 本文原载一九二五年五月十日出版的《向导》周报第一百十四期，署名：亦农。

在中国革命运动史上有更大深远的历史意义，而且是中国目前革命运动积极爆发的表征和中国被压迫的劳苦群众谋达到自己完全的解放，实行大团结的征兆，只要不是丧心病狂的人，当然异常明了，不用记者多写！

在这样的大示威游行中，不仅可以看见被压迫群众形式的团结，同时最使人奋发注意的是：工农兵三种被压迫的群众到处都表现同一的心灵，同一的希望。单就示威旗帜上面所写的标语、他们在广东大学操场齐集时各人的演说来看，没有一个示威者的旗帜不是红底白字，上面写着不是：工农兵大联合万岁，中华民族解放万岁，全世界无产阶级联合起来，铲除勾结帝国主义者、军阀、官僚、资本家之工贼，打破包工制，反对厂主自定厂规，八小时工作制；就是写着：反对地主劣绅压迫农会，规定最高限度之租额，普及青年农民教育，打倒帝国主义，推翻军阀，集会结社言论出版罢工自由，取消不平等条约，全国工人大联合万岁等中国工农兵三种被压迫的群众目前必须争得的许多要求的口号；登台演说者不是极沉痛的促进工农兵大联合向帝国主义进攻，就是号召工农兵三种被压迫的群众，认清自己的敌人——帝国主义、军阀、资本家，向他们实行革命，达到自己最后的解放。至于在示威游行时散布的传单，就记者一人所得已有三十二种，其中除中国共产党广东区委员会和中国共产主义青年团广州地方委员会所发的传单，说明中国工农群众所处的惨境及指示中国工农群众奋斗的方法更为切实，和国民党广州市第四区宣传员胡霖所发的传单外，其余没有一种不是代表工农忿激的心理，鼓吹工农群众打倒自己的敌人。

此外，还有一件应当注意的事情：即赤色职工国际派赴广州参加劳动大会的代表奥斯脱洛夫斯基，亦莅广东大学操场演说。赤色职工国际现所属有五十余国，工人一千八百余万，当奥斯脱洛夫斯基登台演说时，台底下红旗招展，呼声震天，全世界无产阶级和被压迫的劳苦群众大团结，赤色职工国际万岁之声不绝于耳。他演说的大意如下：劳动者是一切财富的创造者，但在私有生产制度未推翻以前，他不但不能得到一点利益，反受层层的压迫，今天——五一是我们全世界无产阶级向我们的敌人示威，表示我们再不能承受这无理的制度，我们要向资产阶级斗争，取得我们一切的日子。你们，中国被压迫的工人、农民、青年军人，应努力团结，有组织的与你们的敌人——帝国主义奋斗，得到你们应得的自由，我谨代表赤色职工国际敬祝你们的胜利，并表示为你们的后援，同时并希望你们与赤色职工国际发生密切的关系，谋全世界工人阶级之大团结，我们要共同的打倒资本制度。

看了记者上面所写的，一班神经过敏的人和帝国主义者走狗必定又要说：广州是莫斯科第二，赤化了，其实这不过是积年被压迫的工农群众觉悟起来，知道要有组织，有团结的第一步的表现。被压迫的中国工农群众和青年军人，你们若真能造成广州为莫斯科第二，使他“赤化”，就是被一班丧心病狂帝国主义者及其走狗的咒骂也是应当的，这是你们目前的历史使命！

现在再说空前未有之工农代表的联席会议。

工农联合这个主张，本来是科学的社会主义者当资本主义发生动摇时，具体的分析革命的力量应有的结果。马克思在一千八百三十七年起草《德国共产党应有的要求条件》里面曾经说：德国无产阶级为本阶级的阶级利益起见，必须与小资产阶级、农民联合。后来，一千八百五十六年三月十八日写信给恩格斯时又重新提起。一千八百七十年，恩格斯在他著的《德国农民战争》一书里面也曾说：德国无产阶级的人数既然还没有占全人口的多数，很显明的，他要实行革命必须在小资产阶级中、在所谓城市的游民无产阶级中、在农民中去找同盟者。直至一千九百八十七年巴黎公社失败[①]，马克思认为农民仇视无产阶级为失败主要原因中之一。到列宁在一千九百零五年就说：社会主义的无产阶级与小资产阶级共同组织革命政府在原则上是对的，并且在一定条件之下非联合不可。因此列宁提出工农民主革命专政的口号。现在俄罗斯之苏维埃政府，是十月革命后更进一步工农联合的具体的形式。由此我们知道要实际打倒资本主义，不能不有工农的联合，工农联合是革命成功和维持革命胜利的保障。中国现在因为有帝国主义之积极进攻和军阀的明争暗斗的时候，自然是革命的时期。在另一方面要完成中国的目前的革命，即打倒帝国主义，推翻军阀，非有不与帝国主义妥协的工农阶级来担负不可，决不是完全是帝国主义的资本所培养出来的买办阶级和直接或间接受帝国主义的资本所支配的一部分工商业资产阶级所能担负。因此，在客观的条件上和主观的条件上都有工农阶级的大团结之必要。此次全国第二次劳动大会的代表和广东全省第一次农民大会的代表谋实际的团结，实在是中国目前的历史的需要。工农代表的联席会议的经过，大概如下：

① 原文如此，应为一千八百七十一年。

昨天于广州的劳动、农民两大会的代表及青年军人、革命的学生游街示威后，下午七时在广东大学劳动、农民两代表举行联席会议，到会者在千人以上，代表有组织的工农群众七十余万，实为中国有史以来之大盛举。演说有赤色职工国际、国民党中央执行委员会及劳动、农民两大会的代表及青年军人的代表。演说皆慷慨激昂，痛快淋漓，台下掌声如雷，高呼工农兵大联合、革命万岁之声不绝于耳。并有全体一致的通过工农兵联合的议决案，照录如下：

"全国劳动大会代表、广东全省农民大会代表、革命军人代表、革命学生代表在广州举行盛大之联席会议，一致认定：打倒军阀和国际帝国主义的革命，解放劳苦群众的革命，只有工农兵一致团结了才能成功。

全国工农兵大联合万岁！

全世界工农兵大联合万岁！

全世界革命万岁！

打倒帝国主义！

打倒军阀！"

这是空前未有之工农代表谋工农团结的决议案，读者诸君读此即可想见工农阶级团结的热诚和中国革命前途的希望。至于这个议决案有伟大的历史意义，凡是比较头脑清楚的人，当然明了，不用记者加以解释。

广州通信五月二日

（依照人民出版社 2011 年《罗亦农文集》订正）

中国第二次全国劳动大会之始末*

罗亦农

工人阶级要斩断自己的锁链从现存社会制度之下完全解放出来，据几十年欧洲工人运动的经验和一九一七年俄罗斯十月革命的证明，并不是依赖非本阶级的力量和不根本推翻现存社会制度能够达到，而是要凭自己的力量，有不断的革命的积极行动。所谓不断的革命的积极行动，当然先要有阶级的觉悟，有阶级的组织。中国的工人阶级因客观条件的限制，虽然还未壮大，目前虽然还不能讲实际根本推翻现存社会制度，但是中国的工人阶级因受资本家、军阀、帝国主义者的严厉压迫和摧残，他的阶级觉悟比任何阶级都快，他知道要有阶级的组织比任何阶级都早。三年以前就有蓬蓬勃勃的第一期的工人运动发生，在这期的工人运动中，曾经有不少的伟大的历史的事件，如一九二二年之香港海员罢工，一九二三年之京汉铁路工人罢工等。最近因北方政局的变动，代曹、吴而起的各派军阀，其残暴并不减于曹、吴，他们相互间的冲突更日形剧烈，因此无暇注意障碍工人的行动，和不敢公然用强暴的手段破坏工人的行动，在客观的条件上已经有发展第二期工人运动的可能；在

* 本文原载一九二五年五月十七日出版的《向导》周报第一百十五期，署名：亦农。

主观的条件上，自“二七”京汉工人被屠杀后，差不多全国的工会都被封禁，工人拼命争得来的各种权利都被取消，工人所受的虐待条件比“二七”以前还更苛刻，帝国主义、军阀、官僚、资本家的淫威还更厉害，因此工人阶级知道要有阶级的组织和团结，觉悟程度比从前更加增高，这就是这次工潮膨胀，使中国的工人运动进到第二期的原因。这期工人运动的成绩虽然我们还不能预先说定，但是这期的倾向是很好的，革命的，谋整个的阶级的组织的。此倾向一证于本年“二七”全国各铁路代表在郑州举行之盛大会议了，再证于这次第二次全国劳动大会。

第二次全国劳动大会是中国最大的四个工会：全国铁路总工会，汉冶萍总工会，中华海员总工会和广东工人代表会议召集的。召集这次会议的主要意思在于讨论今后中国工人运动的策略和目前进行的具体方针及谋全国工人阶级的大团结。这次会议五月一日在广州正式举行，到会的代表共二百八十一人，代表工会一百六十六个，代表有组织的工人五十四万有余。正式开会的日期先后共六天，会场的革命空气异常浓厚，工人阶级忿激的心理和再不承受现存社会制度的热情，没有一次在每个代表的演说中不痛快淋漓的表现出来。在正要召集这次大会和这次大会正在开会的时候，有许多北京、上海的工贼在各报上登广告，说这次大会是中国共产党召集的。阴谋破坏这次大会的工贼是军阀、官僚、资本家、帝国主义的走狗。这是中国工人阶级的力量壮大起来，向敌人积极进攻时期中必有的反动现象，毫无足怪。但有些与军阀、官僚、资本家、帝国主义无关系的人，也质疑于这次大会系由“过激派煽惑而成”，他们不是丧心病狂，至少也是头脑混沌！哪有工人切身受痛苦而不发生阶级觉悟、谋阶级组织的事情？过激派煽动的本事虽大，难道五十四万有余有组织的工人，一百六十六个工会，都被过激派煽动？这是很显明必无的事情，当然不用详细的加以解释！

现在再说这次大会的经过。这次大会的议决案共三十余个，其中最主要的为：加入赤色职工国际，工农联合，铲除工贼，组织中国全国总工会，工人阶级与政治争斗，工人阶级与经济争斗等。

加入赤色职工国际的议案有很重大的历史意义，读者诸君看此议案，不仅可知中国的工人阶级已经有全国工人阶级大团结的觉悟，同时有世界的觉悟。他们深知现在是帝国主义的时代，帝国主义是整个的社会发展的历史过程中的经济系统。在帝国主义之下，阶级争斗的形式更加简单。当这两个阶级争斗剧烈，资本主义根本发生动摇时，各国的资产阶级相互间纵有不可调和的矛盾，他们都联合一致来抵抗无产阶级，这是有许多历史的事实可以证明的。因此，无产阶级要根本推翻现存的社会制度，非有全世界的团结不可。在这个议案里面，还很鲜明的反对亚姆斯德丹黄色职工国际破坏全世界职工运动之统一。

在工农联合的议案里面，说明为什么工农阶级要联合，工人阶级要想推翻现存的社会制度必须找他的同盟者，并列举历史上许多工人阶级革命因没有得到农民援助而失败的例做证，最后还具体的指明目前工农联合的形式。

在铲除工贼的议案里面，说明为什么发现工贼，工贼对于工人阶级前途发展的障碍，并列举罪恶最著的工贼姓名如下：

王光辉，徐锡麟，郭寄生，童理璋，宾步程，李彤，杨德甫，张德惠，郭聘伯，张纛，刘伯勋，余友文，冯自由，马超俊，谌小岑，张恩荣，苗凤鸣，何东，黄焕廷。

至于铲除工贼之办法：一、将工贼罪恶编成小册子，宣告全国各工会，使工人明白，对于工贼加以防御及攻击，务使工贼无立足之余地；二、各工会均应组织工人自卫团，如工贼来破坏时以武力对待之。

再说到通过组织中国全国总工会，要算这次大会的积极的结果，在大会上不仅通过了中国全国总工会的章程，并且还正式选举了二十五个委员，组织执行委员会，在大会闭会后，执行大会的议案，办理一切事件。当总工会的章程通过和执行委员会选出时，“全国总工会万岁”，“工人阶级大团结万岁”之声不绝于耳，于此可见中国工人阶级谋全国统一组织的热诚。

在工人阶级与政治争斗的议案里面，说明每个经济争斗同时就是政治争斗，工人阶级与资本家、军阀、帝国主义者的利益是绝对不可调和的，工人阶级不根本推翻现存社会制度不能完全解放自己。在这个议案的第二段中还说明：为什么工人阶级要参加目前的国民革命运动和为什么须为这国民革命运动的指导力量，工人阶级参加国民革命是为自己的利益参加的。最后还指明争集会结社言论出版自由、罢工自由、普选和加资减时运动，是目前政治争斗的具体目标。

在经济争斗的议案里面，指明目前经济争斗的具体要求，要求的条件甚多，不详述。

上面是这次大会的结果。结果既然如此，将来的成绩一定很可乐观，中国的工人运动从此另开一新纪元，缩短军阀、帝国主义、资本家的寿命，谅凡是赞成工人阶级利益的人所预祝的！

广州通信五月九日

（依照人民出版社2011年《罗亦农文集》订正）

第二次全国劳动大会与海员的责任*

邓中夏

轰动一时的中国第二次全国劳动大会已经开过了。我想国内外海员全体同志对于此事一定是非常关心的，所以我把这次大会的经过和成绩做一个简约的报告。

原来中国的劳动运动在三年前曾发生过一次高潮，发生的罢工，大小不下二三百次；组织在工会中的会员，共计已超过二十七万余人，在中国历史上放了万丈光芒的异彩。那时有“中国劳动组合书记部”曾于五月一日在广州召集第一次全国劳动大会，到代表一百五十余人，通过议案九件，并由大会决议翌年五一节仍由“中国劳动组合书记部”在汉口召集第二次大会，不幸翌年二月京汉铁路发生争集会结社自由的大罢工，被直系军阀及驻汉帝国主义联合破坏了。是役被杀者四十余人，被捕者三十余人，被开除失业者千余人，影响所及，不仅北方所有铁路工会皆遭封禁，就是武汉、上海及其他各埠工会亦遭波及，幸免者，仅只湖南、广东、香港几处工会而已。工人阶级在此种严重压迫与摧残之下，不能不改攻为守，于是第二次全国劳动大会，亦不能不归于停顿了。

---

* 本文原载《中国海员》第二期。

去年北京政变，直系军阀既倒，新兴的军阀与帝国主义皆各发生新的变化，各在相持之中，工人阶级基于自身更严厉的痛苦，以及历年所得更丰富的经验，于是又乘时崛起，卷土重来。北方铁路工会也恢复了，上海又发生五万纱厂工人的大罢工了，胶济铁路，北京印刷，汉口人力车夫与烟草，青岛纱厂，广东粤汉铁路，都先后继起罢工了，这就是说，中国劳动运动第二次高潮的潮信又到了，所以先觉的工人领袖，以为时不可失，以为我们工人阶级已进于复兴时期，实有重谋全国大联合大团结之必要；故中华海员工业联合总会、全国铁路总工会、汉冶萍总工会、广州工人代表会四大团体，发起召集第二次全国劳动大会，仍于本年五月一日在广州举行。

此次大会，计到代表共二千七十八人，代表的工会数有一百六十五个，代表有组织的工人数有五十四万余人，所有重要产业，如铁路、海员、矿山、纺织等，皆加入；听有重要城市，如上海、武汉、天津、广州、香港、长沙、青岛、济南、大连、北京、太原、郑州、九江、潮汕等，亦皆加入，总而言之，所有真正的工人团体，几乎全体加入，开会前后约十天，预备会议二次，正式会议九次，工农联合会议一次，五一大示威一次，五七工农兵联合大示威一次，行俄民授旗礼一次，公祭黄花岗一次，其余赴各界欢迎会十余次。通过正式议案十三件，其余临时案如援助罢工等约二十余件，各代表皆能抖擞精神，到底不懈，故能获得最圆满的结果，究其中成绩，尤为优美者，如下列数案：

（一）组织中华全国总工会决议案——中国的劳动运动虽有数年的历史，各产业及各地方虽有总机关的组织，然而全国工人的总组织，算是在此次大会才告成立。我们大家都知道要解除工人的痛苦，要推翻敌人的特权，要造成我们的世界，我们唯一的武器，就是团结。只有团结，才能集中我们全部的力量，才能统一我们全体的战线，才能一致向敌人进攻而立于不败的地位，所以这次大会决定组织“中华全国总工会”，可谓深知当务之急了。

（二）工农兵大联合决议案——从前我们中国人的毛病，就是各自为战，彼此很少关切，姑不论全国工人的大团结，甚至在同一地方或同一产业，还有帮口之分，省界之别，此次大会算是更进一步，不特工人阶级要团结一致，还要与农民兵士联合起来。因为农民经济生活的痛苦，与工人完全一样，就是兵士亦多是从工农中失业出来，其痛苦并不在工农的痛苦以下。所以工农兵是自然的同盟者，应联合一致向我们的仇敌——帝国主义、军阀、资本家、大地主进攻，以完成中国革命。

（三）加入赤色职工国际决议案——“赤色职工国际”，就是“万国总工会”，他成立已经六年了，会址在俄国之莫斯科，所有全世界的革命工人完全都加入了，现在会员人数已达千余万。

（四）铲除工贼议案——资产阶级破坏工人势力的手段，一方面是利用他们的政权、军警、法庭、监狱，以摧残我们；再一方面是豢养一班走狗，即所谓工贼，从我们工会中，以陷害我们。现在工贼几乎全国皆是，这几年我们工人的事业，如罢工，如工会，给他们破坏不少。此次大会，各省代表皆言各地深受工贼之痛苦，于万众愤怒中通过一铲除工贼决议案，其办法，一面将工贼姓名事实宣布全国；一面由各工团会组织“工人自卫团”以武力对待之。

除此四案以外，其余各案亦有极正确的决议，如：

如工人阶级与政治斗争决议案——是说明“工人阶级何以必须作政治斗争”；“工人阶级对于民族革命的态度”；“工人阶级目前争自由运动的必要”。又如：

经济斗争决议案——是说明“经济斗争的意义”；“目前最急要的要求，如八小时工作，最低度工资，反对虐待，女工童工生活的改善，劳动保险等”，以及“罢工互助的方法”。又如：

工会组织决议案——是说明那一种组织法好，产业组织是最好的，所有铁路、海员、矿山、纺织以及其他新式工业，皆绝对宜采用产业组织法。职业组织是不大好的，新式工业绝对不宜采用，只小工厂和手工业可以相当酌量采用。行会组织是最坏的，应该改造，才能真为工人利益而奋斗。此外关于工会之基本组织，以及政治压迫的地方之变相组织，亦有规定。如：

工人教育决议案——是说明工人教育是阶级的教育，以及一切办教育的大体方法。

此外对于广东香港工会之不统一，上海工贼工会之扰乱，大会亦有专门的决议案，指示其方针。最后一次的正式会议，通过一重要的宣言，并选举“中华全国总工会”的执行委员。

这是此次大会的大概情形。

海员同志们：你们看了此次大会的成绩，一定要格外兴奋起来，我今将已所见，为我亲爱的海员同志告者，就是海员为重要产业之一，他掌握水路交通之权，他是打倒资本帝国主义的主要势力，他在1922年，曾有一段最光荣的奋斗历史，所以海员在此次大会后，尤应根据大会决议案加倍努力，并广为宣传，以完成在革命中的使命。究中有三点，尤是我海员同志的责任：其一，即须整顿本身的组织，我们海员从前的组织实在太涣散了，只有上层组织，没有下层的组织，往后应着手将每条船都组织一支部，支部下每五人或十人组织一小组，以造成一个有系统而严固象军队一样的组织，夫然后才能作第二次的大奋斗。其二，即须与各国海员联合，一国的海员团结，力量固已伟大，然为求力量更加伟大起见，与各国海员联合就有必要了。虽然外国海员经济地位比较高，并不免有人种的界限，然而他们终是一样受资本家之榨取与剥削，他们自欧洲大战后不少已有觉悟而左倾了，所以与外国海员联合在现今实有可能，只看我们努力如何罢了。其三，即须帮助其他工人组织。海员因交通便利，来往全世界各大城市，眼界广，见识广，是别的工人所不能及的，然而正因此故，所以他应尽他的力量，帮助其他工人组织，特别是与海员密迩之码头工人和造船业工人要赶快帮助他们组织，所有的工人组织了，这就是说我们工人阶级的革命即须成功了，我们工人阶级的解放可以完全达到了。我们现在高呼：

海员工会万岁！

工农兵大联合万岁！

全世界无产阶级大联合万岁！

中国革命胜利万岁！

世界革命胜利万岁！

一九二五年五月十五日

（依照人民出版社2014年《邓中夏全集》订正）

中国劳动运动的新生命*

邓中夏

回想起来，三年前我们是何等幼稚啊！三年前我们曾在广州开过一次全国劳动大会，但是那时候得到些什么呢？那时候我们也议决了九个议案，究其中只有四个议案颇有重要的意义：第一个是“罢工援助”；第二个是“八小时工作制”；第三个是“组织原则”；第四个是“惩戒工界虎伥”（即现在所谓工贼）；老实说，这四个议案都不完全，不能满足我们工人阶级全部的要求。然而那时候我们的知识经验，实在太缺乏，所以我们也只能得到那样的成绩。

现在却不同了，并且是大大的不同了。我们历年从种种的斗争中，得了许多正确的知识和丰富的经验，所以此次全国劳动大会，各地代表把所有得来的知识经验汇合起来，于是便成功了一个光华灿烂的好成绩，比之第一次大会，真是有天壤之别了。现在我提纲挈领的把他指明出来。

（一）工人阶级的地位与使命——关于这一点，第一次大会是没有说到的；不特没有说到，恐怕还没有想到。这样一个重要的根本问题，我们如没有一个很明白很正确的决定，那么我

* 本文原载《工人之路》创刊号。

们的斗争就失掉了意义了。此次大会通过“工人阶级与政治斗争的决议案”，把我们工人阶级的地位与使命确定得很明白，说“帝国主义及军阀统治的中国，民族革命是唯一的生路”，“因此中国无产阶级必须参加民族革命运动”；并且“中国的民族革命运动，非得工业的无产阶级参加并取得领导地位，提携着广大的农民群众进行，是不能成功的”，“所以中国工人为自身的解放，必须担任民族革命的急先锋，为促进世界无产阶级的革命，亦应努力于这个工作”。

（二）工人阶级的组织——第一次大会对于组织问题只不过确定了一个原则，这个原则自然现在还很适用，然而太简而不全了。我们大家都知道资产阶级向我们进攻，而且往往是帝国主义军阀资本家“三位一体”联合着进攻，我们工人阶级对付他们的唯一的重要武器，就是团结，所以组织问题在我们斗争中是再重要没有了。此次大会通过的“组织问题决议案”不仅将工会的意义，组织的原则，说得非常剀切，并且对于工会基本的组织，政治压迫地方的组织，工会统一的必要诸要点，亦有明确的规定。不但如此，我们又知道各业工人固要组织他本业的工会，以为保障自己利益的斗争武器，可是，仅仅本业团结，各自为战，还是不够的。我们还要更进一步谋全国各业的大团结，结成统一的战线，才能够达到我们最终的目的。此次大会又通过一个组织“中华全国总工会”的章程，并且选出了二十五位同志组织了一个执行委员会，为大会闭会后全国最高指导机关。我们的各路司令部（各业工会）完成了，从此又有了总司令部的大本营（全国总工会）了，我们的队伍更是严整，步骤更是一致，战斗力更是伟大无比，这样，我们工人阶级要达到最后的解放，不是可以计日而待吗？

（三）工人阶级的策略——关于这一点也是第一次大会没有说过的。所说到的仅只“惩戒工界虎伥”之一点。此次大会却通过“工农联合”、“工农兵大联合”、“加入赤色职工国际”、“铲除工贼”四个决议案，都是我们工人阶级最重要的策略。工人阶级要想推翻现存制度，一方面必须结合反对现存制度的一切革命势力，一方面又必须扫除维持现存制度的一切反动势力。关于前者，在国内，应与经济痛苦相等的农民兵士联合，因为农民所受大地主的剥削与工人所受资本家的剥削是一样的，兵士多从工农失业出来，其痛苦亦不减于工农，或且还有过之，至受帝国主义军阀之压迫摧残，更是完全一致，所以工农兵是天然的同盟者。在国外，又应与经济痛苦相同的全世界无产阶级联合，因为各国的无产阶级亦受他们本国的资产阶级残酷无情的剥削，至资本主义发展成为帝国主义，更使全世界无产阶级与殖民地劳苦民众同受他们横暴无比的压迫，所以全世界无产阶级与殖民地劳苦民众又是天然的同盟者，此次大会议决工农联合，而且实际上举行两次工农兵联合大示威巡行，便是建立全国被压迫革命势力之统一战线加入赤色职工国际，因它是全世界无产阶级之总联合机关，加入它，便是建立全世界被压迫革命势力之统一战线。关于后者，维持现存制度的反动势力，最与我们切近接触的就是所谓工贼。工贼受资产阶级之豢养与嗾使，专以破坏工人事业为职务，所以我们要有先迎头痛击，铲除净尽的，也就是工贼。铲除工贼，便是剪除了资产阶级爪牙，清荡了我们进攻的道路。此次大会，决议铲除工贼，并列举最著名工贼之姓名就是为此。工人阶级的策略，我们在第一次大会时，只想到惩戒工贼一点，今则想到不仅要惩戒工贼，而且要铲除工贼，并且更进一步想到工农联合，工农兵大联合，以至国际工人大联合，这不能不说此次大会有惊人的进步了。

（四）工人阶级目前部分的要求——第一次大会说到“八小时工作制”及“罢工援助”，仅限于经济方面的要求，而且只是经济要求中之一小部分，至于政治方面的要求则毫未提及。此次大会则更为扩大了。关于经济方面的要求，通过了“经济斗争决议案”，提出六项大纲：（一）最低限度工资；（二）八小时工作制；（三）反对虐待；（四）女工童工生活的改善；（五）劳动保险；（六）取消包工制。关于政治方面的要求，则于“工人阶级与政治斗争决议案”之第三节，说明工人要有集会结社言论出版罢工自由权以及普通选举。这些虽不是我们工人阶级最终的目标，但却是我们日常生活所必须的；实现这些要求，不但可以改善我们目前生活，并且在这些运动中，可以扩大我们的组织，增长我们的战斗经验，树立我们政治势力，这些乃是我们到最终目标的必由之路的第一步。

此外关于工人教育以及广东香港上海的特殊问题，亦有很切实的决议案，总而言之，所有的议案都是很精密的，切实的，正确的，比第一次圆满得多，进步得多。此次大会的真价值就在此，中国劳动运动前途的新生命也在此。

说起来中国劳动运动的进步，总算是很快啊。欧洲劳动运动已经有一百年的历史了，然而有近代意义的革命的劳动运动，还不过近十年来的事。并且除掉俄国以外，其余各国恐怕还没有及上中国的。中国劳动运动历史很短，发生于四年前，勃兴于三年前，其中因外界政治压力太大退守两年。可见中国工人阶级之觉悟，革命之要求，奋斗之猛勇，组织之进步，恐怕还有为各国所梦想不到的。如上所说各种决议案，无一条不充满了阶级性，国际性，和革命性。就以奋斗而论，一九二二年香港海员罢工，开滦矿工罢工，一九二三年的京汉铁路罢工，今年的上海日商纱厂罢工，以及其他大大小小的罢工，共计不下二三百次，然而却无一役不具足表现他们阶级斗争的精神，以致前仆后起，百折不回，没有屈服，没有妥协。又以组织而论，第一次大会时，到会代表一百五十人，代表有组织的工人群众仅只二十七万，此次大会，到会代表二百七十人，代表有组织的工人群众已超过五十四万了。曾几何时，而有如此的进步，而且是经过政治压迫很盛时期得来的进步，这不能不使我们对于前途抱无限的乐观了。

我还记得在审查组织问题的会里，我提议“这个议案中应该对于‘产业组合’‘职业组合’‘行会组合’加一种解释与批评”。国际代表奥君亦为审查员之一，他表示“恐怕中国此时还不懂得”。我对他说：“这些观念在中国已逐渐普及了，特别是北部和中部。”又说：“有一例于此，欧洲铁路工会往往是分开几个，然而中国却有一特殊佳像，所有机务、车务、工务各处工人几乎不分等级不分省界都组织在一工会里。就只有一路还未统一，然而是例处。”我又笑说：“列宁同志说‘落后的欧洲，先进的亚洲’，恐怕就是指这些罢。”他亦承认我的话极对。这不因为我们是中国人，故意引列宁同志的话以自饬自诩，这实在是一件不可磨灭的事实。我们把这次大会全部来看，更使我们不能不相信列宁同志的话是有正确的真理了。

诚然，此次大会通过这些决议案，都是很精密的，切实的，正确的，比第一次圆满得多，进步得多，但是也要看大会后我们执行得如何。我敢说，如果我们全国各工友不普遍的了解他，极端的信仰他，努力的应用他，那么他不过白纸上写上黑字罢了，有何用处？所以希望全国各工友，要把此次大会决议案当作神圣一般，并且要把他一字一句都在事实上表现出来，那才可以继往开来，那才可以由此“奋斗，奋斗，奋斗到底”（大会闭会时齐呼的口号）以实现我们最终的目标，达到最终的解放。

我们在此高呼：

工农兵大联合万岁！

全世界无产阶级大联合万岁！

中国革命万岁！

工人解放万岁！

一九二五年五月三十一日

（依照人民出版社2014年《邓中夏全集》订正）

敬祝第二次全国劳动大会

张国焘*

将于五月一日在广州举行之全国劳动大会，实为全国工人所应注意的事件。中国工人从来没有全国统一的组织，民国十一年之第一次全国劳动大会，曾有全国工人一致联合的表示，但是没有达到具体的全国统一组织；这次全国劳动大会，当然是谋全国工人更密切的结合和共同的奋斗。全国工人密切的结合和同一目标的奋斗，为全国工人所最需要的，因此这次大会对于个个工人的争斗都是很重要的。

这次大会是由中华海员工业联合总会、全国铁路总工会、汉冶萍总工会、广州工人代表会四大工会发起召集的。现在全国有工会组织的工人不过二十万人，但是这四个发起全国劳动大会的工会却有十万以上的会员。而且由这四个大工会所召集的全国劳动大会，全国各工会必能派代表到会，所以这次全国劳动大会是个真能代表全国有组织的工人的大会。这样一个真能代表全国有组织的工人的大会，必能产生重要的结果，这是我们敢预言的。

现在全国职工运动正在复兴的时期中：北方及中部各工会

* 本文发表时，署名：张特立。

均次第恢复，上海，汉口，山东各处均发生热烈的罢工；南方海员亦正在准备新的斗争，所以全国劳动大会是在职工运动复兴中开会，即是在全国工人热烈争斗复兴中开会，换句话说，此次劳动大会，是职工运动复兴的产儿。因此这次大会必是一致团结，一致奋斗的最高表示；换句话说，即是这次大会必能表示全国工人共同奋斗的精神，具体的密切结合。而且在这次大会以后，必定更能促进职工运动，从此职工运动必能迅速的依正轨发展，这也是我们敢预言的。

全国工人们！我们——中国的工人——很了解这次劳动大会的重要，对于这次大会有许多的希望。我们希望大会成功，因为这是工人阶级争斗上所必要的成功。而且我们希望大会要在下列的几点基础上成功。

（一）职工运动主要目的之一，是改良工人阶级目前生活条件；中国工人阶级所最深切感受的痛苦也是经济痛苦。所以大会必定要团结全国各工会，手携着手，从此缓急相通，患难相助；这是使各地各种工人能以全国工人的势力为后盾，解决各自的切身痛苦。进一步说，最重要的经济痛苦，并不是某地某种工人单独的问题，乃是全国工人共同的问题。所以大会要注意全国工人普遍的痛苦，如最低工资之制定，八小时工作制之获得；并须用全国工人的伟大团结力奋斗力才能争到的。而且只有大会才能发动和指导全国工人实际进行这种奋斗。

（二）由世界各国劳动运动的经验看来，不是资产阶级剥削工人阶级，就是工人阶级打倒资产阶级，这两阶级是决没有调和妥协之可能的。不断的阶级斗争，便是达到打倒资产阶级的惟一方法。除非打倒资产阶级，工人阶级进于夺得政权；是没有方法解除工人阶级的经济痛苦的。因此中国工人阶级为负担历史使命起见，为获得真正解放起见，应以打倒资产阶级，夺取政权，以达于全人类解放之社会为最终目的。这是历史上有价值的第二次全国劳动大会必须毫不游移的认定的。我们既然有了最终目的，我们还要审查中国实际情形。中国是被列强侵略的半殖民地，也是被封建军阀宰制的国家；所以目前压迫中国工人最厉害的敌人，是在中国握有无上实权的国际帝国主义者和被他们勾结的军阀。所以每次屠杀工人，封闭工会，摧残罢工的事件，不是由帝国主义者直接下手，便是由帝国主义者勾结军阀下手。因此中国工人阶级在目前的奋斗中，是要打倒直接间接摧残工人的国际帝国主义和勾结国际帝国主义摧残工人的军阀；为初步解放的目的。但是这个初步解放也是最重要的，须先打倒了这两种最厉害的敌人，才能进于达到最终目的。然于打倒国际帝国主义和军阀的运动，并不是工人阶级单独的运动，乃是全民族最需要的运动；这种运动就叫作国民革命运动。所以国民革命运动之发展，工人阶级应与有民族觉悟的革命分子同负其责；为工人阶级达到最终目的之初步奋斗方针。

（三）工人阶级是有特殊争斗的，国民革命运动成功，工人阶级不过达到初步解放的目的；所以工人阶级的运动决不就此中止；同时工人阶级是有独立阶级组织的，在政治上在经济上都有独立的成系统的争斗的。所以工人阶级为国民革命运动之一成分，须在国民革命运动不违反工人阶级利益的条件之下，和不丧失工人阶级运动独立旗帜之下。反过来说：违反了工人阶级利益的国民革命运动便不是工人阶级努力的运动；在客观的事实说来，也不是真实的国民革命运动，因为工人阶级事实上是这一运动的主要成分。工人阶级只有在上述的条件下，实际担负国民革命运动的使命。目前实际发展全国工人阶级国民革命运动，或须以争自由的运动为主干；因为自由是工人阶级最需要中的需要，□是全民族的最需要。而且争自由的运动事实上可以在全国人民中发展出来，可以用为攻打帝国主义和军阀的最切近的口号；自由的获得又为攻打敌人和发展职工运动的根本条件。

（四）中国的劳动运动，决不能单独达到劳动解放；因为中国劳动运动是整个国际劳动运动的一部分。这就是说国际帝国主义，非有各国工人向他下攻击，决非中国工人或中国民族所能单独打倒的。西方工人攻击国际帝国主义更为有力；中国工人和全民族便更容易脱离他们的压迫；中国工人和全民族攻击他们更为有力；西方无产阶级的革命也是更易成功的。所以中国工人和世界各国工人在客观的条件上，实是捆绑在一块；有一个共同的敌人，共同的奋斗目的，共同的命运的。愈能互助，愈能密切结合，愈易打倒敌人，达到共同需要的解放。所以中国工人要与世界各国革命的工人，密切的联合起来。这种联合的形式，就是由全国工人的总组织加入赤色职工国际。

（五）现在农民运动也渐渐的兴盛起来了，最近广东农民运动实有可惊的进步；农民和工人在国民革命运动中和在种种要求解放的运动中，好像是左右手一样；而且在工人阶级努力全人类之解放时，是良好的伴侣。农民占中国人口百分之七十五，所以中国工人尤其不得不与农民密切联合。因此这次大会须与农民运动建立永久的共同奋斗的密切关系。

（六）为实现上述的各种方针起见，大会必须整理全国工会组织的系统；须使各种产业工人组织于整个的产业组合之下，此种组合数目愈少愈好，愈集中愈好；并须使所有□镇手工业工人，组织在统一的市镇工人组合之下，此种组织须以市镇为单位，由市镇而县，由县而省，由省而全国的种种层次团结起来。这种组织在积极的方面须是阶级的组织，斗争的组织和阶级教育的组织。在消极的方面，要铲除一切黄色的工会，冒牌的工会，流氓侦探的工会，资本家和包工头的工会，按地域界限组织的工会以及种种工贼份子；并要改造旧式的行会或公所。

这次全国劳动大会势必产生全国工人的总组织，这是我们敢断言的。惟有根据上述这些基础点产生的全国总组织，才是真能负全国工人阶级历史使命的集体；也是能为全国工人奋斗的有力机关；更是全体中国工人所需要的团结。

这次大会又在五月一日举行，五月一日是万国工人示威的日子。我们相信大会在"五一"举行，将更能促动全体代表和全国工人的革命热情。大会亦必能对于"五一"，为极彻底的表示，使五一运动成为此后中国工人的有力运动。

在五月一日这一天，全国工人的热情都会向着广州大会发露出来，必定充满了希望的、赞美的、庆祝的、拥护的意思。我们也谨以这些简短的意思，敬祝全国劳动大会成功——中国工人阶级的成功。

全国劳动大会万岁！

全国工人大团结万岁！

（《中国工人》，第五期，1925 年 5 月，第 1–5 页）

中国职工运动简史一九一九 — 一九二六*（节录）

邓中夏

第十一章　第二次全国劳动大会，中华全国总工会的成立

大会的发起与召集

一九二五年上半年中国职工运动进到复兴期以后，从政治经济社会各方面观察，显然有许多征兆预示着革命高潮不可避免的快要到来。共产党当时的任务，无疑的首先需要扩展和巩固自己阶级的力量，因此召集全国第二次劳动大会成为再不可缓，遂决定于五月一日在广州召集。

依照一九二二年第一次劳动大会的决议，这个大会应该由中国劳动组合书记部召集。但共产党当时对于召集问题，颇费一番斟酌，原因是自从国民党改组一年以来，民族解放运动的潮流固然日有增高，然而同时“反工农”、“反共产”、“反苏联”之反革命口号也日益普遍。——革命斗争的剧烈和阶级分化的过程是相并而行的。最明显的是国民党右派，国家主义派，他们在当时非常嚣张，他们并且还积极破坏工人运动，收买一部

* 本文原载一九四八年六月出版的《中国职工运动简史》。

分工贼，组织什么“劳工反共产救国同盟”等。真的，他们还有这样一种企图，就是拟用工贼工会的名义召集全国工会大会，组织所谓“全国工团联合总会”，他们当时在天津确已发行一种报纸，专门躲在“工会”名义之下反对共产党。中国劳动组合书记部，当然是他们攻击的目标。他们说书记部就是“过激派”，过激派这一名称，在当时许多落后工人中确是莫名其妙，而且有相当的恐惧，如用书记部名义召集，有可能使这一部分落后工会观望不前。再则“二七”失败以后，我们已不常用书记部的名义去做职工运动，因为我们此时最注意的是去成立产业总工会，凡属某产业的职工运动即用产业总工会去做。在事实上我们已成立全国铁路总工会和汉冶萍总工会。因此，共产党决定没有必要用书记部名义召集此次大会，而由铁路总工会汉冶萍总工会邀同海员总工会和广州工人代表会共同发起，适海员总工会赴北京国民会议促成会之代表苏兆征同志经过上海（苏同志也就是此时加入共产党），共产党和他接洽，苏同志完全赞同。因此，这次大会就由全国铁路总工会，中华海员工业联合总会，汉冶萍总工会，广州工人代表会四大团体发起召集。

最可笑的，是四个大团体登报发起召集以后，工贼工会也登报说什么这次大会“其用心险恶”，“不能令其代表全中国之无产阶级”等等鬼话，这当然不用说无损于这次大会之毫末，果然，这有深远的历史意义的第二次全国劳动大会于五月一日在广州开幕了。

空前的工农兵大联合的示威与会议

广州此时有两个大会，除全国劳动大会外，还有广东全省农民代表大会亦在广州举行。五一劳动节上午，这两个大会偕同广州市全体工人、四郊农民和青年革命军士，举行了十万人以上之大示威的游行。在这样的大示威的游行中，的确不仅可以看见被压迫群众形式的团结，同时使人奋发注意的是工农兵三种被压迫的群众到处都表现同一的心灵、同一的希望。的确，这是中国有史以来第一次工农兵大联合的表现。

最有兴趣的，是赤色职工国际派赴广州参加劳动大会的代表奥斯脱洛夫斯基同志亦出席演说，当他登台演说时，台底下红旗招展，呼声震天，“全世界无产阶级联合起来”、“赤色职工国际万岁”之声不绝于耳。他演说中最警策的语句，为中国工人至今所不能忘的，是：“工会是炮台，坚固的建立起你们的炮台，打倒资本制度。”

当晚，工农两大会便共同在广州大学大讲堂举行开幕典礼。青年军人联合会及革命学生亦派代表参加。到会者一千多人，代表有组织的工农群众七十多万。除主席宣布开会、工农两大会各派一人报告工人运动和农民运动的经过外，并有赤色职工国际、共产党中央、国民党中央及工农两大会的代表及青年军人联合会代表演说。全体一致通过工农兵联合决议案如下：

“全国劳动大会代表，广东全省农民大会代表，革命军人代表，革命学生代表，在广州举行盛大的联席会议，一致认定打倒军阀和国际帝国主义的革命，解放劳苦群众的革命，只有工农兵一致团结才能成功。

全国工农兵大联合万岁！

全世界工农兵大联合万岁！

全世界革命万岁！

打倒帝国主义！

打倒军阀！”

无疑的这个决议案在中国革命运动史上有伟大的历史意义。

大会的经过

这次劳动大会，计到代表二百八十一人，代表工会一百六十六个，代表有组织的工人五十四万。大会共开七日。

这次大会的召集，工贼工会虽然捣乱没有成功，但工贼工会却致电广东、香港两地工会，嘱其反对大会。的确这给了我们相当的困难，因为广东香港当时工会都不统一。当时香港工会情形是这样：工团总会一派，华工总会一派，其余尚有机器、起落货、煤炭、洋务数大工会无所属。广州工会的情形也是差不多：广东总工会一派，机器工会一派（这两派有亲属关系），广州工人代表会一派，虽然广东总工会和机器工会在表面上是加入广东工人代表会的，但是广州工人代表会是差不多在共产党影响之下，政治上独立的成一派别。在大会未开以前，大会筹备处派人邀请香港工团总会和广东机器工会都被拒绝。他们表面上是吃醋，比方香港工团总会觉得不用工团总会名义发起而用其所属的海员工会名义发起，大为不满；广东机器工会觉得不用老资格的机器工会发起，而用新起来的广州工人代表会发起，也表示不满。其实骨子里却是另一回事，香港工团总会和广东机器工会都为黄色领袖所把持，这些黄色领袖甚至还包含有资本家的成份，他们受上海工贼工会的怂恿，拒绝参加大会。大会筹备处设尽方法邀请他们到会，因为他们的工会领袖虽坏得不堪，但确有很多的工人群众。结果，香港工团总会因海员工会之敦促（海员工会为该总会的台柱子，故黄色领袖不能不相当听从）是到会了，而广东机器工会却始终拒绝到会。

这次大会的成份，不象第一次大会那样复杂，此时无政府党已匿迹销声，他们在工会中的活动也已停止。流氓的市侩的招牌工会根本为大会所摈斥。大会中最主要成份，当然是共产党所领导的工会，其次是与国民党有关系的工会，自然还有不少无党派的工会，因此大会之进行，是异常顺利的，几乎未遇到若何意见上的冲突。只当选举主席团的时候，引起小小纠纷，原来主席团名单中本有香港工团总会代表，该会代表突然声明，说不能接受。因为该会派他们来，只是来看看大会的情形，不是来当代表，更说不到当主席。经大会代表群相督责，该会代表在大会的权威之下，不得不承认接受。真的，这样一来，该会代表一直到终会，都不敢退席，也未发生异言。

大会的成绩是很多的，通过决议共有三十多个。最主要的是：一、工人阶级与政治斗争决议案；二、经济斗争决议案；三、组织问题决议案；四、工农联合决议案；五、铲除工贼决议案；六、中华全国总工会章程；七、加入赤色职工国际决议案。在大会上群众所最热烈注意而激昂欢呼的是四件事：工农联合；铲除工贼；组织全国总工会；加入赤色职工国际。这不是偶然的，这四件事刚刚是当时中国工人阶级所最迫切需要的东西。

工人阶级与政治斗争的决议案

一　工人阶级必须作政治斗争

（一）工人阶级的每个经济斗争，同时一定要变成政治斗争；这是因为资产阶级在经济上优越地位是依靠在政治上优越地位势力之保障，当工人阶级开始摇动资本家的利益时，资产阶级必定尽力用他们的国家机关之权力及军队、警察、法庭、监狱等压迫工人的行动。

（二）工人阶级的利益与帝国主义者军阀资本家的利益是绝对不能调和的，双方利益之冲突，就是阶级斗争，调和就是牺牲工人利益。工人为改良自己生活状况，必须不断的奋斗。但工人阶级要达到完全自由，只有在工人阶级推翻资本制度自己掌握政权之后。

（三）我们敌人力量很大，他们据有经济上的优越地位，更握着国家的政权、军队、警察、监狱等有形的压迫机关，学校、宗教、报纸等无形压迫的麻醉方法，这都是资产阶级制服无产阶级的武器。而且在中国每个阶级总是相联合向无产阶级进攻。阶级斗争就是一种战争，我们无产阶级在此战争中的重要武器，就是团结，不分国界、省界、手艺、宗教、性别的阶级团结；自经济斗争到政治斗争，自争求自由的政治斗争到夺取政权的政治斗争，都要依靠这个武器。

二　工人阶级对于民族革命的态度

（一）帝国主义及军阀统治中国，民族革命是唯一的出路。

（二）世界无产阶级的革命，是要推翻资本制度，但殖民地与半殖民地无产阶级，更多受一层帝国主义的压迫，殖民地及半殖民地的民族革命是要推翻这种压迫，而成为世界革命之一部分，因此中国无产阶级必须参加民族革命运动。

（三）民族革命虽然是各阶级共同参加的，可是中国资产阶级中主要的买办阶级，完全为外国资本家所养成，不能有革命性；另一方面，他们又见到中国之阶级革命发展之危险，反愿勾结帝国主义，以阻碍革命运动之发展。至于城市的资产阶级，虽然是革命的，它的本身没有集中的战斗力。所以中国的民族革命运动，非得工业的无产阶级参加，并取得领导地位，提携着广大的农民群众进行，是不成功的。

（四）在过去许多次斗争中，如一九二二年的海员罢工及开滦矿工罢工，一九二三年的京汉路罢工，本年上海日商纱厂罢工，无次不明显的表示出帝国主义是中国工人主要的仇敌，军阀必是帝国主义的爪牙。所以中国工人为自身的解放，必要担任民族革命的急先锋，为促进世界无产阶级的革命，亦应努力于这个工作。

（五）民族革命既是各阶级共同参加的，所以无产阶级在此革命运动中，一方面固然协力以反抗我们更大的仇敌帝国主义及军阀，一方面更要森严在我们各种组织上的阶级性，不可和其他阶级混合，这种混合，将有被资产阶级牺牲我们的利益、甚至有卖给敌人的危险。

（六）民族革命一切方面的进行，一定要不妨碍工人阶级的发展，而且应该把工人阶级的利益，放在第一位，工人阶级参加民族革命必须保持阶级的本色，指示革命的出路，引导革命到底。

三　工人阶级目前的争自由运动

我们的目标，是要推翻帝国主义，打倒军阀，实现民族解放，促进世界革命，还是要经过长期的斗争才能够得到的。

（一）在这长期斗争中，目前最迫切的要求，如加资减时运动，集会、结社、言论、出版自由运动，罢工自由运动，普选运动等，虽不是我们最终的目标，但这些都是我们日常生活所必需的要求，这些要求的实现，不但可以改善我们目前生活，并且在这些运动中，可以扩大我们的组织，增加我们的斗争经验，树立我们的政治势力，这些乃是我们到最终目标所必由之路的一步。

（二）同时我们不可把这些目前迫切的要求，当作最终目标，这些要求只是达到我们最终目标民族革命世界革命所必由之路的第一步。我们更要明白，如果帝国主义军阀不打倒，工人阶级不完全解放，这些目前的要求也就不能达到。

经济斗争决议案

工人阶级的斗争，不论经济的或政治的，只有一个最后的目的，就是劳动的完全解放。劳动的完全解放，只能在资本主义制度推翻，政权完全操入劳动者手中之后，但即使在资本主义组织之下，我们不否认为改良劳动待遇条件，增高工人生活程度以及部分的要求，至实行最激烈的坚强的斗争。第一，因为现在的劳动条件，已经坏到极点，千百万的工人，还未到他精力衰疲之年，而已衰弱不堪，失了他们的力量，失了他们的健康同他们的生命；第二，因为每一部分劳动条件的改良，都可以增加工人阶级的力量，促进工人为最后目的的斗争，并且促进资本主义的崩坏，及劳动解放之早日实现。

甲　我们不否认经济斗争，不否认目前迫切要求之改良运动，但是我们对于这种运动的观念是

（一）每一个目前切近的改良运动，只是走向总解决的一部分，不把它看作最终目标去做，比如资产阶级打不倒，目前所

要求增加工资，难保将来又被克扣，总之，工人阶级的根本解放，只有在取得政权之后。

（二）每个经济的斗争，同时就是政治的斗争，如工人的罢工，本是经济的斗争，但是资本家一利用军警来干涉，便转成政治的斗争了。

乙　在中国现时经济斗争中，工人阶级切近的要求是

（一）按照各地各时生活情形，规定最低限度的工资。本来资本家发给工人工资的标准，是按照工人生活必需品的价值而定，它应该要够工人恢复劳动能力，维持子嗣（即预备工人老后，再有小奴隶替资本家工作之用），照这样发给工资，工人已经遭受了很大的剥削，因为工人每日所生产的，并不只值他所领得这点报酬，很多劳动是没有受报酬，这就是资本家所谓的企业利润，上了他们的荷包了。但是现在帝国主义的资本家及中国的资本家，他们还不肯按这个生活必需标准发给工人工资，还要从这里面再加克扣。这样一来，中国工人的生活，真是苦到万分了。我们试拿上海和日本的纺织工人的工资一相比较，两地的生活程度相差甚微，而工资竟为一与三之比，即中国工人每日所得，不过日本工人每日所得的三分之一。年来生活费日见提高，而工资之所增极少，工人待遇，苦不堪言。因此，要求按照各地各时生活情形规定最低限度的工资一事，应成为我们目前应进行的主要工作之一。

（二）八小时工作的规定。每个工人最大限度的工作能力，一日不能超过八小时以上；欧西各国工人，数十年来为要求此制度之实现，不知经了几千百次的运动，流了几千百万工人的血，但是中国工人还是做十二点以至十八点的工，难道中国工

人就不是一样的血肉构成的人么？我们现在誓与各国的工人共同争这八小时工作制的规定；同时我们又要注意必须在工作时间缩短之下，不影响于工资的低落，而反应该增加或照旧，不然资本家一面减少工作时间，一面却减少工资，迫使工人不得不因维持生存而愿继续加工，这样名至而实不至的手段，我们是坚决反对的。

（三）反对一切虐待。在欧美各国的工人，资本家尚表面尊重他人格的独立，雇佣的自由；而在中国则资本家视工人直与牛马无异，动辄任意拳打脚踢，私刑拷打，杀死无罪。最近日商纱厂罢工，发出反对日本人打人的口号，我们试想这是一种什么呼声；又加工作中屎便之限制，下工时遍体之搜索等，以及许多不可胜数的事实，无异对付盗贼囚犯，我们应当坚决反对。

（四）女工童工之生活改善。在中国的资本家特别喜欢女工童工，他们是看到了这两种人较为柔软，容易欺负，容易加他们以惨无人道的压迫，因而女工童工的生活遂愈为苦不堪问了。女工的工资，是不能与男子相等的，她们的身体是可以任意侮辱的；至于童工呢？许多六岁未满的小孩，终日站着做十二小时以上的苦工，这还是人的生活么？最近上海工部局提议改良童工生活，但所有条文完全是名归而实不至的骗局，我们应该反对这种欺骗，我们应当要求：（甲）禁止妇女与不满十三岁者作有损健康之特别困难与危险以及地穴下面的工作。（乙）绝对不许怀孕与哺乳的妇女作夜工及特别强度的工作。（丙）妇女在产前后有数星期的休息与照领工资。（丁）怀孕及哺乳之妇女，于普通规定的休息时间以外，并须补足其哺乳小孩的时间。

其哺乳相隔的时间，每次不能超过三小时半以上。且每次哺乳不得少于半小时。（戊）绝对禁止使用十三岁以下的童工女工。（己）绝对禁止使用童工作夜工。（庚）每日工作六小时，每周须有继续四十二小时之休息。（辛）不得克扣工资，女工童工与成年工人做同样工作时，须领同样的工资。（壬）为童工设立免费的平民学校。

（五）劳动保险与社会保险。中国国内各种工厂的一切设备，是很少能顾及工人身体健康的，因而危险之事常常发生。如去年上海祥经丝厂的大火，工人被烧死者数百人，同时因工厂之不洁，而得肺痨疫症以至死的，更不可计其数；又在工人工作受伤死亡或失业后，亦无相当的保证。因此我们当努力要求：（甲）一切企业机关应设法消除或减少于工人身体有害的工作及生产方法，并当预防不幸的事情的发生；极力注意工场卫生与防疫事宜。（乙）对于从事于有危害健康的工作之工人，工厂须供给他以种种抵抗危险的服装用器消毒材料等。（丙）应实行社会保险制度，使工人于工作死亡时能得到赔偿；于疾病失业老年时能得到救济。

（六）取消包工制。有许多工厂，资本家非常狡猾，他在他与工人间设立一道防线，这个防线就是包工制度。他利用他最忠实的走狗为工头，把工作包与工头，工人须向工头要求工作，这样一来，在资本家与工人间，更多了一层工头的剥削，愈使工人的生活痛苦，而且在斗争时，资产阶级更可利用工头以破坏工人的组织。所以我们非打破这种制度不可。

丙　为监督实行保护劳动的一切事件，预防机器的不慎，在危险的生产中，要预备保险的服装及防毒的用品。工人有病或者在工作时受伤，须赔偿其损失。关于工厂的监督员，必须参加工人的代表，又保护童工女工的利益，亦必须有童工和女工的代表参加。

丁　全国总工会在这次大会后，应具体的指导他所属各业工人，尽量利用一切可能的机会去争取这些权利，去从事为获得这些权利的斗争，在这阶级斗争中去教育工人，组织工人。

在这斗争过程中我们想得到胜利，必须注意下面的几点：

（一）应有统一的集中的便于战争的组织。

（二）一地方的罢工，同时须得各地方的援助，切忌分立的行动。

（三）一个地方或一个企业发生罢工后，其他地方及其他企业应做通电声援或集资援助。若形势严重时，总工会应讨论资本家经济封锁及宣布同情罢工问题。

（四）不可无组织的暴动，应善利用时机，善利用资产阶级的矛盾，集中力量向其最弱点进攻。

（五）全国总工会应附设工人救济会之组织，在罢工时筹备罢工之基金，罢工后应作失业工人之救济。

（六）应发展协作社的工作，一方面为减低工人之生活费，一方面也是团结工人及工人家属的一个武器。

组织问题决议案

一　工会是工人阶级最宽泛的群众组织，它必须设法使所有的工人加入。

二　职工运动的组织形式，须特别灵便，不仅要适合本国工业发达的程度，并且要适合本国政治的环境、文化的程度以及历史的特点（有时连工人阶级的习惯和特点都要注意）。

三　中国土地广阔，各处经济发达的情形不一样，各省政治的环境不一样，因此很难有统一的工会组织形式，至少须有几种不同的形式。

四　中国很久以前就有许多行会。这些行会是根据手工业的，已经是旧式而不能与现代资本主义奋斗，因为他们将有组织的工人势力分裂了。最好的组织是产业工会。产业工会的主要原则，是在每个工厂或作坊内，所有的工人，不论他们的职业怎样，都要按照该工厂或作坊是那种产业性质，就组织那一种产业工会，比方一个纱厂，不论是粗纱间，细纱间，打包间，电灯间……的工人，都是纱厂工会的会员。又比方一条铁路，不论是机务处，工务处，车务处，养路处的工人，都是铁路工会的会员。这种制度的益处，就是每个产业机关是整个的奋斗单位，当工人与资本家冲突或罢工时，只有一个工会包括该产业机关所有一切工人，他们就可以为自己的利益很快的得到决议，并且就可马上很坚决的起来斗争。所以这种组织对于工人是有极大的帮助。再有一种是职业工会，这种制度，是按照工人的职业加入工会。譬如机器匠是一种工业，轮船上的机器匠，铁路上的机器匠，纱厂里的机器匠，自来水厂的机器匠——都组织在一个工会里做会员。这就是一个大工厂内的电灯工人就加入电气工会，机器工人就加入机器工会，木匠就加入木匠工会，一个大工厂内有各工会的会员。很明显的，这种组织对于阶级斗争是不及产业组织，因为当对资本家冲突或罢工时，各工会的代表与会员有各自的利益与观点，所以要彼此同意，很难有一致行动之可能，即是可能，也必须消费时间，对于工人的战斗力与精神是极有障碍的。还有最坏不过的，就是不特不是依产业组织，并且也不是依职业组织，而是以狭小的专门为范围（如铜匠、铁匠、司机、翻砂等），这就是等于不善的旧式行会制度了。因此，很明显的，铁路、海员、矿山、纺织及其他新式产业中，是绝对须采取产业组织，若小铁厂、理发店、裁缝店、泥水作坊等小工厂及手工业，亦可采用职业组织。至于行会组织务要设法改进到新式工会的形式。但我们亦须记着工会是广大群众的组织，亦须斟酌该处之实在情形，决定组织的形式，不可死板。

五　政治的环境应当特别注意，在中国目前还只是广东一省比较自由，工会可以公开的活动，其他各省因政治情形各有不同，工会或者半公开存在，或者简直秘密的存在，至于公开的工会活动很少可能，或受限制，或被干禁。因此，要利用许多公开的名义，如办夜学校、协作社等，去做工人运动的工作，这种公开的工作，只要办得到，我们就要利用这些工作，为工会的秘密发展。

六　工厂支部当为工会的基本，在小的企业内，特别是在不能公开工作的地方，首先工作只能委派工会的全权代表，由这工会的全权代表，按照工会上级机关的指令，在该企业内工作。在大的企业内，必须按照工作部分，组织工厂支部，倘若工厂支部增加到几十或者几百的时候，工厂支部内或大企业内，得按加入工会会员十人、五十人、或者一百人选出代表，酌量情形组织办事机关，这部分代表即工会中坚分子，与选举他担负工作的群众发生很密切的关系，并经过他通知他们工会的一切情形。有可能时还须要召集大会报告工作经过，时常在工作的时候、工人的家庭里、与工人见面时，宣传工会利益，鼓动工人加入工会。

在工会的中坚分子的大会上（倘若不能开大会时，则在代表会议上）选举职员，组织某一地方的机关，这地方的机关，又须经上级机关批准，至一年须召集该工会大会一次，在大会上选举该总工会的执行委员会，为统一当地工会组织及互相密切起见，凡城市或省区应只组织一个工会联合总机关。如一城市或一省区有数个此项性质总机关者，应开联席会议，公决归并为一。

七　工会是为工人一切的利益而奋斗的组织，工会当为改良劳动待遇，增加工资，减少工作时间，保护女工童工，争得星期日过节日不扣工资的休息，规定劳动法等而奋斗，工会必须储蓄基金和罢工的基金、补助医药费的基金等以备不虞。工会为关心自己会员的阶级教育，当开办学校，设短期讲演所。

八　为要实行上面所说的，因此工会每月要征收其会员会费。每月至少为一小时平均工资，工会不宜收太高的入会费。

九　无论工会组织的形式，有各种的不同，但工会组织的性质是阶级的，工会工作的内容是阶级的，工会的教育，同样也是阶级的，少了这些条件，中国工人组织工会就失了他本来的意义。所以工会会员，不宜包含雇主高等会员及包工头等与工人利益相反的分子。职工运动的组织形式不可死板。但工会不可调和，不可妥协，工会的组织必须有坚决的阶级行动。

一〇　工会的建设须有经常的计划，能利用一切劳资的冲突和一切罢工以及一切关于工人阶级有意义的事变，作普遍的宣传。

一一　目前因组织的力量缺乏，不能注意到所有的工作，须特别注意组织铁路、海员、内河及码头运输工人、矿山、纺织、缫丝、烟草、印刷，以及天津、北京、上海、武汉、青岛、大连、长沙、广州、香港、厦门等处各重要城市的工会工作。

一二　为加多职工运动的领导分子起见，大会完后，必须在大的城市里面和产业的中心地开短期的补习学校（以三月为限），培养职工运动的人才，须多造就一些领导的分子，职工运动才有稳固向前发展的基础。

工农联合的决议案

一　无论在那一国，农民总是占大多数，至少农民也是经济上一个重要势力。他们所受的压迫，不减于工人阶级，或者还要过之，因此他们在现存制度之下，也是一部分革命的势力。

二　工人阶级要想推翻现存制度，必须结合反对现存制度的一切革命势力，因此他应该努力找寻他的同盟者。这种同盟者的第一个就是农民。无产阶级倘若不联合农民，革命便难成功。

三　我们知道政治的中心总是在城市，因此斗争的中心也是着重在城市。所以工人阶级应当努力去领导农民来参加这个斗争。

四　过去许多国家内劳资两阶级的斗争，如一八七一年巴黎公社的失败，一九〇五年俄国革命的失败，一九二三年德国革命和保加利亚革命的失败，其失败原因，都是因为没有得着农民帮助，或农民的势力落在资产阶级手中。俄国革命所以成功，就是因为得着农民的援助。

五　中国农民占全国人口总数百分之七十五，他们所受的压迫和剥削，较工人尤甚，中国工人阶级要想得到解放，更非联合农民共同奋斗不可。

六　农民要得到自身的解放，也只有与工人联络，才有可能。

七　工农联合在目前应该实现下列几点：

（一）在其回乡村时，或在其工作附近地之农村，均应向农民宣传并帮助他们组织农民协会。

（二）工会农会之间，得互派代表；工会应当设法提携农会进行，并助其发展经济的组织，如合作社等。

（三）农民如发生经济上或政治上的斗争，工会应领导工人为实力的援助。

铲除工贼的决议案

这个决议案的原文已经遗失，大意是说明：为什么发现工贼？工贼对于工人阶级前途发展的障碍和铲除工贼的办法。并列举罪恶最著的工贼姓名如下：

王光辉、徐锡麟、郭寄生、童理璋（上海）；

宾步程、李彤（湖南）；

杨德甫、张德惠（京汉铁路）；

郭聘伯、张玉荪、刘伯勋、余友文（湖北）；

冯自由、×××、黄焕廷（广东）；

张恩荣、苗凤鸿[1]（粤汉铁路）；

×××（天津）；

① 原文如此。

何东（香港）。

组织中华全国总工会

组织中华全国总工会，无疑的是这次大会积极的结果。大会通过中华全国总工会章程，并选举二十五个执行委员。执行委员姓名如下：

林伟民、苏兆征、谭××（未详）（海员）

邓培、王荷波、刘文松（脱党）（铁路）

李立三、刘少奇、朱××（汉冶萍）

邓中夏、刘华、张佐臣、李森（即李启汉）（上海）

项英、许白昊、×××（武汉）

郭亮、谭影竹（叛党）、×××（湖南）

刘尔崧、×××、×××（广东）

何耀全（消极）、关××、郑××（香港）

大会以后，执行委员会开会，推举林伟民为正委员长，刘少奇、刘文松为副委员长，邓中夏为秘书长兼宣传部长，李森为组织部长，孙云鹏为经济部长。总会设于广州，再于上海设办事处。

附中华全国总工会章程。

第一章　总纲

1　本会定名为中华全国总工会。

2　本会以团结全国工人，图谋工人福利为宗旨。

3　本会总机关暂设广州，并得择定其他相当地址，特设办事处。

4　凡在中华国境内之真正工人组合，均得为本会会员，凡产业工人已有全国一总组合之组织者，或一市、一县、一省之城市工人已有组合组织者，由该总组合加入本会为会员。各单独组合直接加入本会者，则须经本会之审查认可。

5　本会之职任如下：

（一）发展全国工人之组织；

（二）统一全国工会运动，务期密切之团结；

（三）整理各工会之组织系统；

（四）指挥各工会之行动；

（五）仲裁各工会间或各工会之争端；

（六）发布全国工人共同奋斗之目标；

（七）代表全国工人与国际工人谋密切之结合；

（八）提高工人知识，联络互相之感情；

（九）促进各工会彼此间有效之互助；

（十）保障工人利益，设法解决救济及职业介绍等事项。

第二章　组织

6　本会之最高机关为全国代表大会，每年举行一次；并得举行临时大会，均由本会执行委员会召集之。各工人团体派赴代表大会之代表额数，由本会执行委员会按比例决定之。

7　由全国代表大会选举执行委员二十五人，组织执行委员会。代表大会闭会时，执行委员会为本会最高机关。

8　执行委员互选正执行委员长一人，副执行委员长二人。委员长不能执行职务时，执行委员会重新互选之。

9　执行委员会之下，须组织一干事局，受执行委员会之指挥监督，驻会办理一切事务（干事局干事人选由执行委员会决定之）。

10　干事局分设下列各部办事：

（一）组织部——掌管本会所属各工会之组织事项，并帮助各处无工会组织之工人群众，组织工会。

（二）秘书部——掌管本会一切文件收发，统计，报告等事项。

（三）宣传部——掌管宣传本会教育工作，并指导工会之教育方针。

（四）经济部——掌管司库、司账、庶务等经济事项。各部须设主任一人，干事若干人，由执行委员会斟酌事之繁简选任之。

11　干事局设总干事一人，由执行委员中之一人兼任为干事局会议之主席。

12　本会为会务发展及便利起见，得于相当地点特设办事处。各处主任一人由执行委员会斟酌情形决定之。

13　执行委员会认为必要时，得设立各种特别委员会或机关，并得聘任顾问、编辑等人员。

14　本会执行委员会干事局及其他机关人员，均每年改选一次。

15　执行委员会、干事局、特设办事处、特别委员会及特设机关之会议及组织细则，由执行委员会另定之。

第三章　公约

16　各工会须实行本会代表大会及执行委员会之决议及命令。

17　如一处或一种工人发生为工人阶级斗争时，各工会接到本会之通告后，应一致为声势上、经济上，或实力上之援助。

18 在同一产业及职业，或同一地域内，如有两个或两个以上同等性质之工会发现时，应依本会之劝告，互相让步，并成一个工会。

19 各工会间，如有争端，须直向本会控诉，听候仲裁，不得互相攻击。

20 各工会对本会有不满意时，得直向本会抗议，或向代表大会控告，不得有破坏本会之行动或言论。

第四章 经费

21 各工会应按月向本会交纳会费，其数目由各工会按比例法认定之。

22 遇必要时，经本会执行委员会之决议，得向各工会征收特别捐。

23 本会经费发生困难时，得向外界热心帮助本会者捐募。

第五章 附则

24 本章程经全国代表大会通过后即发生效力。

25 本章程如有不适当处，应由全国代表大会通过修正之。

加入赤色职工国际

加入赤色职工国际决议案原文已遗失。大意是说明现在是帝国主义时代，帝国主义是整个世界的经济系统，因此无产阶级要根本推翻现在的社会经济制度，非有全世界无产阶级及一切劳苦群众的大团结不可。赤色职工国际是世界无产阶级的总组织，中国工会竭诚加入，以与全世界无产阶级共同携手，共同奋斗，完成世界革命。同时决议案中又很鲜明的反对亚姆斯坦黄色职工国际破坏全世界职工运动之统一。从此中国工人阶级正式加入世界革命的行伍中了，无疑的是有伟大的历史意义。

大会宣言

“全国工友们！我们现在水深火热之中，痛苦万状；不是生活程度日高，工资不够维持，便是工作时间太长，疲劳过度；不是工厂私定苛章，虐待工人，便是整工包工头等，殴辱剥削工人；不是横遭抢掠，欠薪失业，便是受拉夫封船苛捐重税痛苦，种种事实，数不胜数。我们受了这许多痛苦，自然不能低头忍受，而且不得不奋起图存。但是敌人却枪杀我们的战士，拘捕我们的代表，封闭我们的工会，摧残我们的罢工，开除我们的兄弟，监视我们的行动。为什么我们的命这么苦？非明白知道不可。

我们受苦的原因就是外国帝国主义者侵略中国。外国帝国主义者为什么侵略中国？无非是想发财。发财就有三个方法：一、盗窃中国的财富，如占据矿山、铁路、收买原料等。二、剥削劳苦人民，即是以低廉工资役使中国人。三、输入洋货。……这三种发财的方法都大不利于中国人民，尤其不利于中国工人。他们的勾当，既不利于中国人民，自然引起中国人民的反抗。而且各个帝国主义者都想发财，彼此之间，不免互相冲突。如是他们强迫中国缔结不平等条约，派遣军舰军队来华，并获得租界和领事裁判权种种的特权。所以他们能够在华设工厂，奴隶中国工人，中国工人如有反抗，他们又能利用此特权以压迫之。输入大宗洋货，使小商人、手工业者以及农民失业。如是一部分又变为他们的工银奴隶，大部分失业者便变为兵或匪。他们想在中国领土内和劳苦人民身上发财，自然是各国帝国主义者都想发财，而且各人都想大发其财，如是首先互相瓜分中国，再进而共同宰制中国，更进于分途侵略中国。他们各自都培植一派军阀，借图扩充他们自己的势力范围，实现其大发财主义。他们培植的军阀，就是蹂躏中国人民的仇敌，军阀受帝国主义的指示——特别摧残工人与人民的势力。

帝国主义者不但用种种侵略的方法，以图发财，还用种种方法愚弄中国人民，用意在制造一班洋奴，为其发财之走卒，如开设教堂、学校、报馆等方法。最近帝国主义和受其利用之军阀官僚，又收买一般工人败类和反革命分子。假借工人名义，破坏工人团体。这般工贼和反革命分子是与工人势不两立的仇敌，都是保障帝国主义者发财的走狗。

全国工友们！我们要睁开眼睛，看清我们受苦的原因。明瞭了受痛苦的原因，方能知道怎样解除痛苦。现在给我们种种苦的敌人，是国际帝国主义和其一切走狗。那么只有打倒他们，才能解除我们的痛苦。有了这般帝国主义者和他们走狗的利益，便没有我们工人的利益。有了工人的利益，便没有这般帝国主义者和他们的走狗的利益。这是关系工人阶级的生死存亡，全国工友们非一致团结，与这般仇敌作最后的死战不可。

全国工友们！第二次全国劳动大会，于五月一日在广州召集会议，参加者全国一百六十五个工人团体，到会代表二百七十七人，共代表全国五十四万有组织的工人，一致认定全国工人，必须用自己的组织力量，解除自身的痛苦，获得自身的利益，并要力争全国人民所需要的集会、结社、言论、出版的自由，全国工人所需要的是组织工会和同盟罢工的自由；而压迫剥削工人阶级和摧残工人自由的仇敌，又非首先打倒不可。

大会并代表全国工人，与广东有组织的二十一万农民，和数千革命军人联合，而且正式加入国际革命的无产阶级之队伍。因为中国劳苦群众的解放，第一要由进步的无产阶级领导广大的农民群众，第二要与世界的无产阶级联盟，共同奋斗，才能获得最后的胜利。

全国工友们！大会为满足全国工人的要求起见，为统一战斗力起见，已正式组织中华全国总工会，从此中华全国总工会便是指挥全国工人阶级奋斗的总机关。

全国工友们！全国工人都觉悟起来了，都纷纷起来组织团体了，都知道为自身利益奋斗了，现在中华全国总工会又组织起来了，从此全国工人须在中华全国总工会旗帜之下一致团结，提携着贫农，联络着全世界无产阶级，共同奋斗。”

这次大会的历史价值

第二次劳动大会的确开了中国职工运动史上最光荣的新记录，我们在上面的决议案及其伟大的成就（成立中华全国总工会，加入赤色职工国际）便可看出。我们还要指出数点，以证明这次大会的历史价值。

一　大会对于参加民族革命运动有很好的认识。如在政治斗争决议案说：“中国的民族革命运动，非得工业的无产阶级参加，并取得领导地位，提携着广大的农民群众进行，是不成功的。”并说：“工人阶级参加民族革命必须保持阶级的本色，指示革命的出路，引导革命到底。”在经济斗争决议案中又说：“劳动的完全解放，只能在资本主义制度推翻，政权完全操入劳动者手中之后”。

二　大会对于无产阶级的同盟者，有很好的认识。如在工农联合决议案上说："工人阶级要想推翻现存制度，必须结合反对现存制度的一切革命势力，因此他应该努力找寻他的同盟者。这种同盟者的第一个就是农民。无产阶级倘若不联合农民，革命便难成功。""农民要得到自身的解放，也只有与工人联络，才有可能。"在宣言中说："中国劳苦群众的解放，第一要由进步的无产阶级领导广大的农民群众，第二要与世界的无产阶级联盟，共同奋斗，才能获得最后的胜利。"

三　大会对于工人组织有很好的认识。如政治斗争决议案中说："要森严在我们各种组织上的阶级性，不可和其他阶级混合，这种混合，将有被资产阶级牺牲我们的利益、甚至有卖给敌人的危险。"组织问题决议案中也说："工会组织的性质是阶级的，……工会的教育，同样也是阶级的"。

这些认识虽然还不能说已很深刻，但至少可说已有了布尔什维克思想的萌芽，这次大会之所以有伟大的历史价值就在于此。可是可惜得很，这些认识到后来几次大会却一次一次的忘记了。而且一次一次的代以机会主义的观点，使这次大会的思想不能发扬光大，以进于完全布尔什维克化，这真是最痛心的一件事。

这次大会开得非常合时，刚刚开在中国大革命高潮之前夜。看呵！大会闭幕后不到二十天，惊天动地的"五卅"运动便迎面而来了。

（依照人民出版社2014年《邓中夏全集》订正）

中国劳动运动之史的发展（节录）

高振青

一九二五年二月，上海日本工厂所雇用的劳动者四万人反对，一个日本纱厂的日本人管理员辱打一年仅十二岁的少女工人致负重伤，特举行同盟罢工，提出废除残忍的行为，改善劳动条件，增加工银等要求，到了四月，青岛的日本纱厂也起而举行同情罢工。这是历史上最大之总罢工的发端。日本的厂主为了终熄这个风潮遂托英国的上海巡警逮捕指导者。英日两方的资本家虽是互相竞争的对手，但对于劳动者常不忘采取联合战线的。

因此英国长官便命巡捕逮捕指导者处以重罪。为了这样的暴压，在租界遂举行示威演说表示猛烈的抗议。英国巡捕又拘捕演说中的指导者，中国民众因受了这样重重的暴压，大火激昂起来，遂于五月三十日，一致集合于上海公共租界作抗议的示威游行和演说。当这个示威运动行近南京路的老闸捕房时，英捕就向群众开枪屠杀。中国劳动者后来天天的举行示威运动，英国当局天天的惨杀没有武装的劳动者。惨杀的消息一经传出，愤激的烈焰弥蔓到了全中国，百万人以上的劳动者都参加罢工。这确是历史上最大的总罢工。风潮并且扩大到了香港广东，香港总罢工是在全国总工会的统一指挥之下而进行的，参加的劳动者有二十余万人。这个罢工对于英帝国主义在华的势力给与了很大的打击。他方广东国民政府因此得以巩固了他基础。

在这样的情势之下，第二次全国劳动大会便于一九二五年五月一日在广州举行了，大会的出席者有二百三十人，代表五十七万的劳动者。

（《流沙》，第四期，1928 年，第 104–106 页）

报刊报道

第二次劳动大会消息汇志

（一）全国劳动第二次大会各省工会代表先后已到了广州者甚多，现据筹备处消息，本月廿七日又一律抵埗，筹备处为招待各代表起见，业租定西湖街公益祥旅馆为寄宿处，并议决每人每日发给火食银六毫，计此次全国代表，除广东及香港外有二百余名云。（二）筹备处对于这次大会，为使工人明了周知起见，通函市内各工会，请该工会自行定期召集会内工友，由筹备处派宣传员赴会演讲大会之意义云。（三）全国劳动大会，离开会之期不远，北方代表，因路远途长，尚未到粤，大会筹备处，已去电各处催促，但港粤各工会所派代表向该筹备处报到者有香港华工总会、省港华人船主司机总工会、港侨油漆总会、广州缝业工会、酒业工会、广东派报总工会等团体，香港华工总会并愿作发起人，即日派员来粤参加筹备，又该筹备处，昨日向广州各工会发出通知召集各工会，定于本月廿三日十二时在省教育会议事厅开会，报告召集此次大会之意义与筹备进行之经过云。

（广州《民国日报》，1925 年 4 月 23 日，第七版）

全国劳动大会预备会详志

第二次全国劳动大会筹备处以各省代表已陆续报到，而距大会之期甚近，对于各种事项，不得不先为讨论。故于本月二十九日，召集各代表，在省教育会开第一次预备会议。经纪昨报，计是日到会者有六十余工团，百余代表。十一时开会，由筹备处海员工会代表苏兆征主席，略谓今日所讨论之事项：一为劳动节表示问题；二为审查关于“五一”劳动节之传单及通电与标语问题；三为组织代表资格审查委员问题。次由汉冶萍总工会代表刘少奇代表筹备处作简单报告。略为计至今晨止，报到者有工团八十七个，代表一百四十八人所代表的工人为十七万一千三百人，至上海代表则尚在途中，约明日可到。其余用函件报到者，不在此限。此会虽由四大工团发起，但曾派代表到香港广州各工团接洽，俱蒙一致赞同，经费预定四千五百元，分为筹备一千元，大会二千五百元收束千元。发起四工团各出五百元，国民党工人部捐助一千五百元，其余千元则拟募捐，现并电请太平洋运输工会秘书处及赤色职工国际派员参加。至对于“五一”劳动表示问题，筹备处亦拟定六项应作之事：（一）各工会代表于是日一致参加群众示威运动；（二）“五一”传单有告全国工人、农民、学生、军人四种；（三）通电全国工友及各国团体；（四）派贴标语；（五）发行一种纪念“五一”劳动节特刊；（六）“五一”晚与广东全省农民大会代表开工农联欢大会。报告后，开始讨论。第一对于“五一”节表示问题，完全根据刘代表提出六项通过，至对于工农联欢大会事，全体更大鼓掌表示热烈赞同。同时湖南总工会代表谭影竹君提出对于全世界亦应有表示，致通过拍电。第二关于审查各处传单通电及标语问题，刘代表将筹备处拟定之草案提出，一致通过。当刘代表读至继续孙中山先生之革命精神、打倒军阀、打倒帝国主义、反对包工制等语，全场俱鼓掌高呼。第三组织代表资格审查委员会问题，刘代表提出为利便及熟悉情形起见，应分地方推出代表组织之。湖南代表和议，并提出增加筹备处二人。结果除筹备处派二人外，分海员、汉冶萍、全国铁路总工会，及广州、香港、上海、湖北、湖南与其他各工团，共九个代表团，每团选出一人。计即席推出海员为苏兆征、铁路为傅景阳、汉冶萍为刘义、湖南为杨福焘、湖北为袁告成、广东为冯菊坡、香港为张开德。其余各工团为赵悟尘，上海则因代表未到，故未选出。时已六时余，主席则宣告散会。是日开会情形甚佳，各代表之热烈精神，足以表示工人阶级之觉悟程度也。中国民族解放运动，经此次大会后，必可放一异彩，而工农阶级之联合运动尤为中国开一新纪元也。并闻于是晚六时，开第一次审查委员会，拟即将各代表资格严加审查，防止有帝国主义者及走狗之混入云。

（广州《民国日报》，1925年5月1日，第七版）

广州空前之“五一”大示威运动

工农兵大联合……中国革命之新气象

“五一”节原为劳动者争八小时工作制纪念的日子，亦即工人阶级向资本家示威的日子。流传东方以后，乃一变而为被压迫民族联合全世界无产阶级向帝国主义示威的日子，各国工人无不与此日举行大运动。本年“五一”节广州市工人亦同样举行。当日上午十时即纷纷整队齐集广东大学操场。适值第二次全国劳动大会及广东全省农民协会正在广州开会，两会共有代表五百余人，又加上青年军人联合会、黄埔军官学校、湘军讲武学堂、滇军干部学校、铁甲车队、飞机掩护队，亦整队参加。学校及各市民团体参加者也不少。到会人数总计不下十万人，赤旗飘扬，金鼓喧天。于严整中表现壮烈气象，诚空前未有之盛况也。兹纪其详情于下。

会场之布置。会场门首悬一生花砌成红底白字大横额曰“农工大联合”，场内一演说台，高可两丈，占面积约半亩，左为全国工人代表席位，右为全省农民席位。层垒而上，台前悬一红底白字大横披曰“五一大示威”，台之正中高插一铜质镰斧模型的大赤旗，其四围满插旗帜，书“我们目前的要求：集会、结社、言论、出版、罢工自由权”、“我们目前的要求八小时工作最低限度的工资”、“检阅我们的力量向敌人进攻”、“我们的敌人帝国主义、军阀、资本家、大地主、工贼”、“我们的力量工农大联合由全国而全世界”、“民国革命万岁！”、“中华民族万岁！”等标语。其操场四围标语粘贴殆遍，一入其中，不禁发生一种特异之感。

开会之情形。首奏乐，由国民党中央委员会胡汉民主席、谭平山报告，主席宣布开会理由，略谓大家纪念“五一”节，大家都知道它是世界工人第一次战胜资本家的日子，但是尤应知道我们劳动者为什么要争？并且要怎样去争？然后这种纪念才有意义。劳动者同是一个人，且为一切的生产者，何故要受人家的剥削压迫，沦为牛马一样的生活呢？明白这一层，那就自然会知道要争的缘故。我们怎样去争？只有我们自己团结起来，并且要工农兵大家联合起来，才能得到胜利。现在大家既觉得社会的不自由，那么，就该团结起来呀，就该联合起来呀，我们纪念“五一”，同时我们努力奋斗云云。次演说，国民党代表谭平山略谓：今天纪念“五一”节，有几个重大意义，第一是工人阶级原应不分职业界、省国界一致团结起来，今到会有十七省的工会代表，可见是可以统一工人运动了；第二，今天不仅有工人，并有农民、兵士，农民所受的压迫与痛苦是和工人一样，兵士也是由工人、农民中失业出来的，所以他们是天然的同盟者，兵士从前是为军阀的利禄权位而牺牲，是为军阀利用而压迫工农，现在他们也有些觉悟了，他们要为了主义、民族解放及工农利益而奋斗了，所以工农兵要联合起来向前进攻；第三，中国工农阶级的敌人除了军阀、资本家、大地主之外，还有帝国主义，军阀是专靠帝国主义而存在的，所以打倒军阀，必先打倒帝国主义，国民党的宣言、政纲及孙总理的遗嘱，就是要打倒帝国主义及军阀，要求民族的解放的，最好大家一同起来奋斗云云。赤色职工国际代表奥斯特洛夫斯基略谓，工人农民兵士们，一日到晚，一年到终，用血汗造成的财富，自己丝毫不受用，反受资本家牛马一般的虐待，三百年前“五一”法国工人曾宣言不承认这个制度，但从前的奋斗俱归失败，现在却全世界的劳动阶级都联合起来，要求劳动自由了。一九一七年俄国十月革命，不但工人完全起来，就是农民兵士亦参加为无产阶级而革命，自从革命后，世界情形大变，从前只有几万几十万工人，后来有百万千万起了来，由此可知工农兵大联合，就是被压迫阶级争得自由的炮台。几年前俄国革命时，帝国主义派了军队、飞机、兵舰去打无产阶级的俄罗斯，但是终归无效，这就证明帝国主义的力量是打不倒我们工农大联合的炮台，现在工农的奋斗，不是一国的，乃是全世界，因为帝国主义压迫亦不是一国的，乃是全世界，故无产阶级须有全世界的联合，全世界无产阶级已有总组织了，就是赤色职工国际，我今日就是代表他的，中国人数最多，又痛最苦，赤色职工国际是非常关心的，但是你们今天在广州得到一部份的集会自由，你们还应尽所有的力量，去争得其他各位的自由，你们还应团结全国，并且联合国际，去解放你们全部的痛苦，你们要知道西方无产阶级与东方被压迫民族，已结成一战线了，你们努力前进呵，后面有整千整万的无产阶级做你们的后援呢，大家高呼，打倒帝国主义，全国无产阶级联合万岁云云。劳动大会张特立略谓，今天不是庆祝的日子，乃是向敌人示威的日子。现在资本制度未曾完全推翻，无产阶级未曾根本解放，就是八小时工作制亦未曾得到，那里说到庆祝，不过今日却比前日大不同了，三年前我来此参加五一运动，那时不过是工人学生，现在却有农民及兵士了，这是证明农民们明白自己地位之痛苦，兵士们明白自己是从农工失业出来，现在要为革命为工农利益而武装了，我们工农兵大联合，努力打倒军阀，打倒帝国主义，为民族解放而奋斗云云。劳动大会代表林伟民略谓，我们虽然纪念，但还没有成功，只有俄国成功了，我们要与世界工农及被压迫的人民共同一致奋斗，只有这样才能达到目的，得到解放云云。劳动大会代表邓中夏略谓，今天的大会表示有两点重大意义，第一工农兵齐集此地举行五一示威运动，是表示工农兵联合之开始，第二无产阶级首领赤色职工国际公然有代表到此地来与大家见面，是表示国际联合之开始。这在中国革命上是有重大意义，我们不可忘记的，我们无产阶级亦明知目前应参加国民革命，因为他是我们无产阶级解放之初步，但大家亦应明白国民革命是应为工农利益而奋斗，绝不是为资本家大地主，假使不然，就是假国民革命，不是真国民革命，我们不可不知云云。其余尚有劳动大会代表邓培、孔燕南（女工）等，农民协会代表黄学会、杨其珊等，青年军人联合会代表黄一飞，铁甲车队代表，广东大学校长褚民谊、韩人姜启宇演说，皆慷慨激昂云。

巡行情形——演说完后全体出发巡行。由会场左出越秀北路，经惠爱东路、转西行至永汉路，南行出南堤，西行至西濠口，折北行至太平路之西瓜园散队。领队者手托大赤旗，继以红布横旗大书“五一大示威”、“代表五十余万工人群众”，其余工农手执赤旗，兵士枪插赤旗。全国工团代表、省农民代表为头一队；其次工会、农会、军队、学生，沿途均高呼：“八小时工作”、“打倒帝国主义”、“打倒军阀”、“工农兵联合万岁”、“全世界无产阶级联合万岁”等口号。声震全市，观者途为之塞，水上大小轮船及各工会门首，均停摆燃炮，相为呼应，一时市面乃现壮伟激昂气象云。附录劳动大会致莫斯科电云，莫斯科赤色职工国际出席中国第二次劳动大会代表奥斯特洛夫斯基于今日晨到广州劳动大会，推出十一人前往欢迎，艳。又电云，“五一”节晚全国劳动大会代表、广东全省农民代表、革命军人代表、革命学生代表，在广州举行盛大之联席会议，一致认定打倒军阀和国际帝国主义的革命、解放劳苦群众的革命只有工农兵大团结才能成功，全国工农兵大联合万岁，全世界工农兵大联合万岁，全世界革命万岁，打倒帝国主义，打倒军阀，东。

（广州《民国日报》，1925 年 5 月 4 日，第三版）

工农联欢大会详情

五月一日七时，全国劳动大会，及广东全省农民协会全体代表在广东大学举行联欢会，青年军人联合会亦派代表参加，此外并有学生多人，共约一千余人。济济一堂，极一时之盛。七时开幕，全体起立高呼“农工兵大联合万岁”、“民族解放万岁”、“全世界无产阶级联合万岁”，奏乐，唱国际歌，推动主席，邓少山、苏兆征、梁子光、杨其珊、蔡德昌、廖仲恺等六人为主席。当由邓少山宣布开会理由，略谓中国民族欲求解放，只有实行革命，只有农工兵联合起来共同革命云云。次读各界祝词，次演说，赤色职工国际代表奥士脱洛弗斯基，略谓我们无产阶级是到何处不分国界的，因为我们受资本主义之压迫痛苦都是一致的，此次工农大联合，在中国革命史上有重大意义，我们赤色职工国际对此是非常注意的。中国的目前工作，自然是国民革命，打倒帝国主义与军阀，这个革命不且是中国民族解放运动，而且即是世界革命。我们知道帝国主义是很大的，其原因一方面是由于他们压榨殖民地取得利润，再一方面即于他们挑拨离间本国无产阶级使之自相争斗，所以帝国主义得苟延其生命。不过近年世界起了变化，第一是欧洲大战，帝国主义自身起了残杀，第二是俄国大革命，无产阶级夺取了政权。东方各国在大战前都是睡觉，中国所以号称“睡狮”，然而知被欧洲大战及俄国大革命惊醒了。中国惊醒，印度、土耳其、埃及等亦一样惊醒。其次欧洲工人从前须为资本家所麻醉，无产阶级的觉悟。但自大战后各国发生经济恐慌，失业恐慌，于是工人亦觉醒过来，企图夺取工厂，以致于夺取政权。不仅俄国已成功，就是各资本国的工人亦有此进步倾向，如最近英俄职工携手，便是证明。这两种现象皆予帝国主义以致命的打击。中国同志不能忘记其地位与责任，要更加努力前进，无产阶级的团结是一个，没有两个，要彼此亲爱，与世界一致接合，这才是打胜仗的保障。同志们，前途是很可乐观的，此次工人、农民在广州开会，实行携手，实行联合向这敌人进攻，不但保证中国革命之成功，而且促使世界革命之成功。今日“五一”节就是我们无产阶级阅兵的一天，我们检查自己的力量有多大，前进与压迫阶级奋斗，恭祝工农联合万岁！劳动解放万岁！中国革命成功万岁！云云。国民党代表廖仲恺略说现在中国遍地都是被压迫者，所以我们工农意想组织起来，图谋我们利益及改良社会制度，是不容易的，故我们得到利益，当然只有革命，工农利益与革命是不可分的，但是革命是工农为主才行。革命要成功，第一是要工农大联合共奋斗，若是分离，革命便不能成功，这是欧洲有许多历史上的事实可以证明，如一八四八年法国二月革命，一八七〇年巴黎共产团革命，所以终于流产，终于不能成功，就因只有工人革命，农民不起来，反为反动，反是消极不援助。反之农工联合，却是成功了，这也有事实，在我们面前明明白白摆着，现在我们已有此工农联欢会之盛会，证明中国工农有很大的团结，只有这样一致奋斗，才能达到革命的成功，得到我们利益的保证。帝国主义、军阀及一切压迫者不许我们革命，然而我们必要革命，所以工农联欢会是有很大意义的。我代表国民党恭祝农工联合万岁！中国革命万岁！俄人加伦略说，我不是以军官资格来说话，我是代表无产阶级的俄罗斯来庆祝你们的工农大联合。我们都知道俄国工农是夺得政权了，别国都没有，现在是这样一个工农国家，在这里庆祝各位，我们相信你们这个工农大联合，是可以保证革命成功的，像俄国一样，以后一定可以夺得政权。今天以后，时时如此结合，如一个人一样，将来中国民族解放不愁不成功，自己阶级解放亦不愁不成功。恭祝中国工农联合万岁！中国工农胜利万岁！云云。演说后，当场提出工农兵大联合议案，一致鼓掌欢呼、举手通过，其议案如下："今晚（五月一日）全国劳动大会全体代表、广东全省农民协会代表、革命军人代表、学生代表、广州市工界代表，在广州举行盛大之联席会议，一致认定打倒军阀和国际帝国主义的革命，解放劳苦群众的革命，只有工农兵一致团结才能成功。全国工农联合万岁！全国工农兵大联合万岁！中国革命万岁！全世界革命万岁！打倒帝国主义！打倒军阀！"农工代表苏兆征、徐宽、刘尧平等演说甚多，不备录，次余兴有唱歌、跳舞、国技、电影，次茶会，高呼万岁而散，时已十二时矣。

（广州《民国日报》，1925 年 5 月 4 日，第七版）

工农两大会开幕志盛

东亚之新曙光
中国之新纪元

“五一”节工农兵示威巡行已纪昨报，二日上午十二时第二次全国劳动大会及广东全省农民协会共同在广东大学大礼堂行开幕式礼，除双方代表三百余人全体出席外，青年军人联合会代表、赤色职工国际代表、国民党代表、胡省长代表及各界来宾到者甚众，合计约一千余人。宣布开会，推出主席，劳动大会方面为刘少奇、苏兆征、邓少山，农民协会方面为邓贯香、廖仲恺，青年军人联合会为王一飞。主席就位，全体起立，高呼：“农工兵大联合万岁！”、“中华民族解放万岁！”、“全世界无产阶级联合万岁！”，奏乐，唱国际歌，由秘书长邓中夏报告工农死难诸先烈姓名事实。全体起立纪念诸先烈及孙中山先生，静默五分钟。主席宣布开会理由，略谓今天是中国第二次全国劳动大会、广东全省第一次农民协会正式开幕，这种大团结就是表示工农阶级为本身利益开始向帝国主义、军阀、资本家、大地主进攻了。在这次大会里，第一要统一全国工人组织及普遍农民组织，第二要促成工农紧密的联合，第三要联合革命的军人，及一切被压迫的民众，第四要联合全世界的无产阶级，这是民族解放、阶级解放的唯一力量，而予所有压迫阶级一个致命的打击。这就是今天开会简单的理由。读祝词，有共产各农会及各官厅团体等，共计一百余之多。次由秘书长报告出席代表人数，劳动大会代表总共二百七十八人，代表工团数一百六十四个，属于大产业者有铁路总工会，属于各地方者有上海十四个工会，湖南六工会，湖北一工会，广东九十二工会，其他如大连、天津、北京、济南、青岛、淄博、太原、郑州、九江、浙江等十工会，代表有组织的工人五十余万，农民协会代表总共一百一十二人，代表廿二县，代表有组织的农民二十一万余人。次由劳动大会张特立报告“工农联合会的意义”，略谓“工农联合会的意义是很简单的，就因社会分成两大阶级：一是压迫阶级，一是被压迫阶级。帝国主义、军阀、资本家、大地主是压迫阶级，工人、农民以及一切劳苦人民是被压迫阶级。工农同为被压迫，所受压迫者的压迫是没有两样，我们农工的经济地位与痛苦是没有两样，我们工农的敌人是没有两样。所以我们是天然同盟军，我们要共同起来打倒我们的敌人”云云。

劳动大会邓中夏报告“中国劳动运动状况”，略谓“中国的劳动运动分五个时期：（一）民国十年以前为第一时期，叫做原生时期。那时候虽发生一些运动，如民二汉阳兵工厂及民八香港机器诸罢工。然而他们对于罢工的方法、工会的组织是不知的，完全是一种原生的状态。（二）民国十年至翌年一月为第二时期，叫做勃兴时期。何以勃兴呢？即因工人经济生活更为痛苦，再有欧战后世界劳动潮流及俄国大革命之影响，此时的运动颇有蓬勃之观。如上海纺织、烟草、陇海湘鄂铁路、汉口车夫发生的罢工，比第一时期进步了。我们略知罢工及工会的方法，所以我们有相当的胜利。（三）民国十一年一月至十二年一月为第三期，叫做进攻时期。这是从香港海员罢工开始，海员大罢工震醒了全国，他公然敢与资本帝国主义反抗，这在劳动史上是有重要意义的。这期中发生的大罢工不下四五十次，组织在工会中的工人群众约计二十七万有余，劳动潮流弥漫全国。工人胜利，使帝国主义、军阀、资本家屈伏。那年的五月一日也在此开全国大会，可见那时工人的进步很有可惊。（四）民国十二年二月至去年十一月为第四时期，叫做退守时期。这期是从京汉路大罢工开始，京汉路大罢工，为争成立总工会，即为争工人的自由，这决不限为京汉路争自由，实乃为全国争自由，所以他有重大的意义。不幸这次却被直系军阀与帝国主义的勾结而破坏了，造成二七惨变，杀死我们四十余人，其被捕失业不可胜计。影响所及，北京各路及武汉全市工会皆遭封禁，各地也受波及。从此以后，中国改攻为守，然而我们并不放弃工作，仍然进行，秘密组织。（五）去年十一月至现在为第五时期，叫做复兴时期。去年北京政变，直系军阀倒了，而新兴军阀及帝国主义两皆在冲突相持之中。所以我们用我们的经验又起来了，北京各工会皆恢复，上海纱厂、胶济铁路、武汉人力车夫及烟草、北京印刷，以及现在未决之青岛纱厂种种罢工，乃是第二次高潮之潮信到了。我们此次大会一方面是检查已有的力量，又一方面规定前进的方针。据所到代表的报告，已有组织的工人达四十余万人。这以上就是中国劳动运动过去的经过及现在的概况云云。

农民协会代表罗绮园报告“广东农民运动状况”（其辞因未录得，容后补志）。报告毕，来宾演说。中国国民党代表廖仲恺略谓："国民党与工农利益是分不开的，工农要有他自己的坚固组织，同时亦要国民党成功后，才有工农集会、结社之自由，然后工农利益乃然达到。本党认定此点，所以无时不帮助工农组织而奋斗。去年商团事变，本党帮助工农不惜以全力应付。及广宁农民减租运动，本党竟用大元帅府的卫士队去助农民打仗，都可见本党与工农的利益是分不开的。本党党纲对于工农利益已有很明白的规定，同时亦在事实上表现出来。所以工农与本党要共同努力去实行国民革命，然后开大会乃有意义"云云。

国际代表奥士脱洛夫斯基略谓："现在已有几位把工农联合的重要说了，我现在把世界的农民运动略谈一谈。农民运动比工人运动历史还长久，但是农民的组织到极近几年才发生。什么原故呢？第一即因农民生活与工人生活不同，不是和工人一样有成千整万在一起。第二即因统治阶级不容许农民有知识，所以压迫阶级对农民因痛苦发生的暴动，如尽力加以压迫及摧残。现在农民已觉悟了，全世界有农民的总组织，叫做'农民国际'了。现在农民不仅知道和城市工人一致合作，而且知道与全世界的工农联合共同革命了。资本家、大地主看到农民和工人联合的力量非常害怕。同志们！现在是资产阶级和无产阶级争斗的时期，无产阶级要完成世界大革命，农民更应有促成此责任。同志们！举起大旗来，我们工农联合前进，不独在广东如此，在全国也须如此，以达到最后的解决。同志们！你们是先进份子，还有许多不明了份子，还要你们去指导。不特中国工农联合起来，而且要和赤色职工国际、农民国际联合起来，达到全世界工农统一。同志们！我们联合起来打倒压迫我们的敌人”云云。

尚有湘军讲武堂堂长陈嘉祐、青年军人代表吴明演说词略。演说毕，由主席致答词，唱国歌，奏乐，高呼口号，摄影而散。是晚全体代表赴国民党中央党部欢迎会云。

（广州《民国日报》，1925 年 5 月 5 日，第六版）

全国劳动大会第二日会议详情

全国第二次劳动大会，于五月二日联合广东全省农民协会，在广东大学礼堂举行开幕式情形，已志本报。该会于昨日（三日）在省教育会礼堂，继续开会。会场内满挂革命口号的旗帜，座位编定次序，出席代表，须先向秘书厅领取出席证，于到会签到时将出席证交签到员查验，始能列席。是日出席代表二百八十五人，超过法定人数，由主席团推定刘少奇、孙良惠、梁子光轮流主席。首由梁子光主席，宣告开会，依照议事日程第一项，筹备处报告，即由筹备处筹备员汉冶萍总工会代表刘少奇报告，组织筹备处经过、筹备处成立经过情形，以及经费筹措方法、支出概数，非常明了。次由赤色职工国际代表奥斯脱洛夫斯基，报告世界职工运动状况，痛数亚母斯特丹黄色职工国际欺卖工人阶级，帮助资产阶级的种种事实。黄色国际不革命的改良的妥协的政策，与莫斯科赤色职工国际革命的、彻底不妥协的政策根本相反。奥君演说至此，全场掌声如雷，群高呼“打倒工贼的黄色职工国际”、“赤色职工国际万岁”，充分表现对黄色国际之愤慨。国际代表报告完毕，议决三条议案，其原文如下：（一）听了赤色职工国际代表报告之后，我们知道世界上有两个大本营也，一是资产阶级的大本营，也是压迫阶级的大本营，以美国为首领；一是无产阶级的大本营，以俄国为首领，中国劳动群众自然应是无产阶级和被压迫民族的大本营中的一部分。（二）亚姆士特丹黄色职工国际为改良派首领所把持，专门勾结资产阶级，欺压工人阶级，确系欧洲工贼的巢窟。中国工人阶级应与全世界工人一致反对之。（三）赤色职工国际团结了全世界各色人种的工人，确能真实的为全世界工人奋斗，为全世界工人指挥的机关。中国工人阶级，此后应强固自己的组织，加入赤色职工国际并拥护他的一切政策。当主席用举手方式表决此案时，全体举手鼓掌高呼全世界工人联合万岁，无产阶级革命万岁，此为中国工人加入国际工人组织与世界工人联合之开始。在中国劳动运动史上，世界革命史上，均有极大之价值。随又议决致电莫斯科赤色国际正式加入。至十二点钟由主席宣告散会。下午二时继续开第三次会议，出席代表一百四十八人，足法定人数。由主席团推定高秀南、林炳南主席，依照议事日程：（一）中国劳动运动状况之报告；（二）各省工会代表报告，全国铁路总工会代表张特立报告中国劳动运动状况，海员总工会代表林伟民报告海员总工会自组织成立以至现在的经过情形，均甚详尽。时至下午五点尽散会，晚赴油业工会欢迎会，各代表均有热烈之演说，并有游艺多种云。

（广州《民国日报》，1925 年 5 月 5 日，第六版）

全国劳动大会会议志

（一）

五月四日第三天会议上午八时开会。主席高秀炳[①]、林炳南，议事日程，上海代表团报告、全国铁路总工会报告、汉冶萍总工会报告。上海代表团孙良惠报告，略谓——上海为中国产业最发达区域，有新式产业工人四十余万，但上海的工人运动之发展却非常艰难，主因盖由上海外国人的政权所统治其破坏工人组织，妨害工人运动的方法，更为精密。工会的组织除甘充帝国主义爪牙的招牌工会可以自由活动外，真正工人的工会活动却非常之难。自今年日商纱厂工人四万余人大罢工后，工人活动较前发展，在纱厂已成立的工会有六个，加入工会的会员有二万余人，这是一个比较一个可喜的现象。但是我们知道资本家已在准备一个一网消灭的计划，我们在最近的将来，必要逢着剧烈的斗争。我们的前途，是非常艰难，然而我们的解放，只要有努力在奋斗中去追求，还希望全国工友给我们以援助。在我说话的结尾提出两个口号：八小时工作制万岁！打倒帝国主义、打倒军阀、打倒资本家万岁！

全国铁路总工会代表邓少山报告，略谓——铁路工人运动

---

① 原文如此。

自一九一九年起至现在可分为四个时期。第一个时期，是工人开始觉悟，作经济斗争时期；第二时期，为组织工会作政治斗争时期；第三时期，为“二七”失败后反动势力压迫时期；第四时期，为曹吴倒后至现之进行。铁路工人在欧战过后外，受世界革命潮流的影响，内感于自身生活之痛苦，当时又有劳动组合书记部，对工人宣传组织之努力，于是各条铁路纷纷发生罢工风潮组成工会。至一九二三年，京汉路工人为谋全路工人大团结发起组织总工会。帝国主义恐惧工人阶级势力之张大，于是遂嗾使吴佩孚、萧耀南作“二七”的大惨杀。“二七”是中国工人可纪念的奋斗日子也，应该成为全中国被压迫人民争自由的纪念日。“二七”失败后，反动势力非常浓厚，仅能暗中维持我们的组织。直至曹吴倒后我铁路工人于“二七”二周年之纪念日，重新集会于郑州公开全国铁路总工会的组织。现在全国铁路工人约十八万余人，加入工会的会员六万余人。再者自“二七”失败后，铁路工会中有一部分卖阶级的工贼受军阀交通史收买如张德惠、杨德福等专门破坏我工人阶级的利益，我们必须严重对付这般工贼。

汉冶萍总工会代表刘义报告，略谓——汉冶萍是中国最大产业之一，在这个产业下的人占全国有组织的工人十五分之一，所以这部分工人团结的奋斗解放运动，在中国工人运动中是占着极重要的地位。本总工会成立于一九二二年十二月，但不久即受京汉路工人“二七”失败的影响，而遭封闭。可见工人的利害，无论何时都是一致的。去年九月由汉阳大冶轮驳、安源等处代表在安源召集第二次代表大会为整顿总工会、恢复各分会之准备。此次代表大会决议了一切进行具体的方案四件，并选出总工会执行委员负责进行。本总工会包括安源路矿工会、汉阳铜铁工会、大冶厂矿工会、汉冶萍轮驳工会四部分。汉阳铜铁厂共有工友二千八百余人，工会成立于一九二二年，“二七”后被封，只保有秘密的小组。汉冶萍工人为着生活迫切的委与争集会的自由，前后共发生罢工四次。大冶矿工会成立于一九二二年十二月，被封闭于一九二三年“二七”失败后，至今年一月又重新恢复，然军阀的压迫并未稍减丝毫。二月间又派军队到厂禁止工人集会，并开除工友一百六十四人，惟工人并不因此而气馁。汉冶萍轮驳工会，其成立与被封之生命与上列两厂相同，不过他的组织仍秘密保存着。安源路矿工人俱乐部成立于一九二二年五月，成立之初不过三百人，但现已增至一万二千余人，所有安源路矿工人均全体加入。这个俱乐部在安源势力是非常大的，路局矿局的人虽曾图谋破坏数次，终因工人团结之坚固而不果。最近矿局因经济困难，自去年七月起工饷即拖欠数月，工人受损甚巨，群情甚为激昂，已数次严重向该公司提出交涉。注意的有五个学校，九个工人读书处，有学生一千四百多人，劳动童子军有六十三人。此外还有演讲会、青年部、旬刊社、游艺会等。安源的协作社亦极有成绩。

汉冶萍代表报告完后，主席宣布下午不开大会，只开各种议案审查委员会，此项委员会有五个，即（一）政治问题委员会；（二）经济问题委员会；（三）工会组织问题委员会；（四）全国总工会章程委员会；（五）农工联合问题委员会。主席又提出下列几事：（一）汕头轮渡工人罢工来电请援，应当去电援助；（二）青年军人联合会来信请派代表参加组织五七示威游行；（三）琼崖邓本殷借美款两千万元祸乱，理应通电反对；（四）新学生社今晚在广大开游艺会欢迎本会代表请大众前往。结果一一通过，下午一时散会。

（广州《民国日报》，1925 年 5 月 7 日，第七版）

（二）

重要议案之通过……欢迎苏俄油船……

五月五日下午第五次会议，主席宣布今日为世界无产阶级革命的导师马克思一百零七周年的纪念，又是民族革命领袖孙中山组织革命政府的纪念日，我们对于这很重大意义纪念日，应有一种表示，请各代表一齐起立，静默五分钟，以志崇念。今日议事日程为——（一）工人阶级与政治问题议案。（二）经济斗争问题议案，这两个问题皆先有专门委员会讨论，现时以专门委员会的结果付大会通过。

第一案，关于工人阶级与政治问题议案，由刘少奇报告，全案内容分三大段，头一段说明，工人阶级必须作政治斗争，每个经济斗争，同时一定要成为政治的斗争，工人阶级的完全解放，只有在工人阶级推翻资产阶级，自己掌握政权之后；第二段说明工人阶级对于民族革命的态度，认定帝国主义及军阀统治下的中国民族革命是唯一的出头，认定这个革命是世界革命的一部份，认定工人应该参加这个革命；第三段指出争自由运动是工人阶级当前应做的工作，要做争言论出版自由，集会结社自由，罢工自由的运动，全文十一案一致通过。

第二案，关于经济斗争问题议案，由王若飞报告：（一）说明每个经济的斗争，同时就是政治的斗争。（二）工人阶级的完全解放，只在他夺得政权之后。（三）所谓经济斗争，即指目前最近要求的改良运动，这种运动不是我们的目标，而只是行向总解决的一部份：（甲）可以增高工人的势力，（乙）并促短资产阶级的寿命。（四）现时应提出的要求为（甲）按照各地生活情形规定最低限度工资，（乙）八小时工作制的规定，（丙）反对一切虐待，（丁）女工童工之生活改善，（戊）劳动保护与社会保险，（己）取消包工制。（五）在此斗争中去组织工人，去教育工人。（六）我罢工时应互相援助，并关于救济会及协作社的组织，亦应特别注意，全文五大段一致通过。

张特立君提议两事：（一）广东的革命政府，是帝国主义的眼中钉，所以他们时时刻刻都向广东政府进攻，帝国主义的美孚煤油公司和亚细亚煤油公司近时把油仓封了，意图抵制革命政府。在广州的无产阶级，因为日用所需，是故起了煤油的恐慌，苏俄听了这个消息，便运大帮的煤油来接济广州的无产阶级，五月七日就将到来，对于这样扶助我们的友邦的情谊，我们是何等的感谢，在那一天有广州的商民工人前往欢迎油船到埠，我提议我们大会也应得派代表参加这个欢迎。（二）五月七日是帝国主义压迫中国最酷烈的日子，我们拟于是日一齐走公祭黄花冈及红花冈。全体对于张特立的提议一致通过，下午六时会散。

（广州《民国日报》，1925 年 5 月 11 日，第七版）

油业工会举行四周年纪念

日昨广东油业工会在文明路广大礼堂开四周年纪念，并欢迎第二次全国劳动大会代表，及全省农民协会大会代表，是日六时开会，来宾约共有五百余人，日前该会补助花地油业青年工人自治会开办之青年工人补习学校学生，亦有参加欢迎及招待，服装齐整，精神活泼，虽市上公私立各校，亦无以过之，该会委员长曾西盛主席，宣布开会理由后，请各来宾演讲，计有国民党中央组织部长谭平山先生，及南北工农代表等共十余人，发挥尽致，痛快淋漓，均以贯彻无产阶级革命为言，会场空气，一时为之悲壮，至是晚十时余始茶会而散，然因时间关系，不能演讲者，尚有十余人云。

（广州《民国日报》，1925 年 5 月 7 日，第七版）

全国劳动大会近讯

粤讯。全国劳动大会，离开会之期，不过三天。该筹备处为办事利便起见，特迁往西湖街公益祥旅馆，因该处为代表住宿之所，与代表易于接洽，且离大会会场（省教育会）较近，办事更为敏捷，查最近到会代表有广三铁路总工会代表刘公素，大连南满路分会代表张景阳，九江建筑运输工会代表严燕僧，广州药材工会代表任植芬、任森民，香港同德工会代表林炳、何福、梁会、黎新社，香港鲜鱼行工会代表蔡炳龄、黄炳麟，香港果菜工商会代表刘渠、曾年，津浦浦镇工会代表贾雨田，大连印刷工会代表赵悟庆，香港洋务职工联合会张开德，五邑船艇总工会苏钧和，新会工会联合会梁文典、李玲，潮州工界联合会代表侯映澄，计到该筹备处报到代表已有数十人，其余来信报到者尚纷纷不绝。又该筹备处拟于二十九,三十两日召集到会代表开一预备会，讨论大会议事日程，审查代表资格，组织主席团，秘书处，宣传处，事务处等问题云。

（北京《益世报》，1925 年 5 月 7 日，第六版）

全国劳动大会会议详志

全体代表对于工贼之愤慨……否认香江晨报记载之各省区工团总会缘起……

广三路代表要质问机器总工会……

五月五日上午第五次会议议事日程：（一）香港代表团报告；（二）广东代表团报告；（三）湖南代表团报告；（四）湖北代表团报告；（五）其他事项。

香港代表梁子光报告，略谓香港全部有一百四十个工会，属于工团总会者七十二个，人数在十八万以上。属于华工总会者有二十余个。工团总会在一九二二年海员罢工曾宣布同情罢工，尽力援助，大遭港政府之嫉视，以后凡开会俱受警探监视，稍一不慎，即被指为过激派，解送出境。所以香港的工人运动进行是非常困难。

广东代表冯菊坡报告，略谓广东工人运动可分为三时期，（一）是民国十二年至十三年，为工潮突起时期；（二）是由十三年至十三年终，为工潮低落时期；（三）自十三年终至现在，为工潮复兴时期。广东工会运动常常发生派别的冲突，其原因，第一为各领袖因各怀意见不能合作，致使工会组织亦不能统一；第二是行会制度尚没有完全打破，工人间尚有一种界限；第三在工潮低落时期，散漫的组织不能感觉着合作之重要。

广东工人运动经过最可注意的事实，如一九二二年援助海员的罢工，为收回关税运动之示威，去年反对沙面苛例的罢工等；而阶级斗争表现最激烈的事件，则为去年工团军与买办阶级商团军之武装斗争，在广东省内，除广州外，如汕头、台山、香山、顺德、肇庆等处俱有工联会的组织。

湖南代表谭影竹报告，略谓湖南工会有两个总机关，一是工业总会，是行会遗留下来的产物，凡属店主老板均在这个会里。他不是纯粹工人的组织，在工人运动中是有妨害的。一是工团联合会，是纯粹工人的组织，他包括十七个工团，有会员四万一千五百一十人。湖南工会运动自“二七”后，除安源外，其余各处均因受压迫而转入秘密活动时期。湖南工人运动的障碍物有高工系的宾步程、甲工系的王光辉及青年会无政府党人等，皆系工人阶级的死对头。最近王光辉、宾步程等更秉承军阀意旨，发表省工会组织法，欲破坏我真正工会团结。我工友一致反对，因此尚未成事实。

湖北代表袁吉成报告，略谓一九二二年汉口人力车夫六千人之罢工，与资本家相持十九日之久，卒得胜利。其奋斗精神非常壮烈。花厂工人、染织工人等亦经过罢工。最近人力车夫徐典被杀案发生，人力车夫又发生罢工，结果卒得胜利。湖北工团联合会成立于一九二二年，“二七”失败后被封，现时已恢复。至于杨德福、陈天、郭聘伯等假借工团联合会招牌，到处招摇撞骗，勾结官僚政客，破坏我们的组织，所以我们工人群众均拿出决心，誓要打倒他们。

湖北代表报告完后，主席报告接到汉口及香港转载有张德惠、杨德福、谌小岑等反对此次劳动大会的宣传。他们诬我们不是真正工人团体的代表。在他们所发起的各省区工团联合会，竟把海员总工会、铁路总工会、湖北工团联合会等列入我们大会及被他们捏名的工会，当然对于这种反动的宣传当然要决定一种对付的态度。各代表听主席报告后非常愤慨，尤其是被他捏名的各工团更为愤恨。京汉铁路代表徐宽说，杨德福、张德惠等，他们是背叛工人阶级、甘充军阀资本家走狗的工贼，他们去勾结段祺瑞、张作霖、叶恭绰图谋个人活动，我们铁路上革命的工人，谁也知道叶恭绰是一个万恶的政客。在他作交通总长时，想利用工人做他巩固位置的武器，所以各路中至今尚有交通系走狗一派的工贼张德惠、杨德福等。如今张、杨又举叶恭绰为各省区工团总会会长。诸位想想，叶恭绰能做工人的领袖吗？京汉路工会自"二七"失败后，即秘密进行，由委员长刘文松及铁路总工会邓少山、孙云鹏、张特立等辛苦撑持。至于工贼张德惠、杨德福专以破坏工会为职务。张德惠现在是叶恭绰放他作长辛店的监工，杨德福是张作霖的军事侦探，我们铁路工人誓要铲灭这般东西。海员工会会长谭会泽、苏兆征先后发言，否认香港《晨报》记载各省区工团总会缘起，海员工会列名并请各代表指示对付这般工贼的方法。苏兆征、戴卓民又说，马超俊、冯自由等曾运动海员工会加入各省区工团联合会，经海员工会拒绝。马超俊、冯自由月受段祺瑞六百元的收买费，专门作破坏工会、破坏国民党的运动。所以他们一面是国民党的叛徒，一面是工贼。湖北代表指出湖北工贼有郭聘伯、张毒、余右文。上海工贼有王光辉、郭寄生、徐锡麟。北京工贼有张德惠、杨德福、陈天、马超俊等。粤汉路总工会代表徐玉堂证明这般工贼的宣传完全捏造事实，并说明粤汉路工会有研究所一派以余右文为首领专门破坏我们工人的利益。徐代表又郑重声明该工会未加入官僚雇用的北京各省区工团总会。上海十三工团代表孙良惠报告，该十三工团并未加入各省区工团总会并主张彻查造谣及冒充工人的工贼。汉冶萍总工会代表陈春和说明工贼郭聘伯、余右文等假冒捏造的事实及湖北工联会新成立的经过。上海代表刘明一报告，上海工贼王光辉、郭寄生、徐锡麟当纱厂罢工时，冒充工人代表签字领钱，被工人发觉驱逐的事实。广东粤汉路代表陆连枝声明该路机器工人六百余人并未加入军阀官僚利用的各省区工联总会。广三路代表刘公素声明该工会未加入各省区工团总会。因该工会与广东机器工会有历史上的关系，拟质问机器工会何以加入各省区工团总会，继续发言者甚多，打倒工贼的呼声震动全场。主席起作结论，谓工会不属于任何政党，然而他的分子可以随其政治见解自由加入任何党派，无论共产党或国民党。因为工人阶级必须作政治斗争，必须从事夺取政权的斗争，才能得到劳动的完全解放。（中略）我现在提出四种具体的办法请大家付表决：（一）各会登报声明反动派的诬蔑；（二）发起第二次全国劳动大会的四大工会发表宣言揭明真象；（三）组织审查工贼委员会将审查结果宣布全国；（四）通知国民党请开除反动派党籍，以贯彻国民党革命的精神。以上四种办法，经大会全体通知，秘书厅又报告青岛纱厂罢工及广东女子丝厂受压迫请求援助文电。大会决议通电援助，并函请国民党中央共同援助顺德、南海各属丝厂女工。

（广州《民国日报》，1925 年 5 月 9 日，第七版）

中华全国总工会成立后之进行

中华全国总工会，业已成立，经志前报。闻选出执行委员廿五人：林伟民、苏兆征、戴卓民、邓培、刘文松、孙云鹏、刘少奇、李森、谭影竹、刘和森、曾西盛、刘公素、梁桂华、吕棠、何耀全、李铃、郑绎生、孙良惠、邓中夏、李成、袁告成、高秀炳、刘俊才、钟伯兰、赵悟尘，当选为执行委员，于五月七日，开第一次执行委员会议，互选林伟民君为正委员长，刘少奇、邓培、郑绎生三君为副执行委员长，并组织干事局，内分四部办理，总干事举林伟民兼任，组织部主任为李森、秘书部主任为戴卓民、宣传部主任为邓中夏、经济部主任为孙云鹏。各部以事务之繁简，推举干事若干人襄理会务，其人选则由干事局从复决定，至于总工会之会所，正在本市找寻广大之房屋，以为办事云。

（广州《民国日报》，1925 年 5 月 18 日，第六版）

中华全国总工会上海办事处启事

中华全国总工会为第二次全国劳动大会所产生。第二次全国劳动大会即于本年五月一日在广州举行，到会共一百六十五个工会，共计二百七十八代表，共代表全国五十四万有组织之工人。由第二次全国劳动大会议决组织中华全国总工会机关设在广州市，为全国工人之最高机关。兹由总工会之执行委员会根据总章议决先于上海设办事处，指挥中国北部及中部工会之进行。现中华全国总工会上海办事处已设在上海闸北宝通路顺泰里第四街三十号，于七月六日起始办公。特此通启。七月六日。

（上海《民国日报》，1925 年 7 月 7 日，第一版）

工友们应该特别注意这件事

第二次全国劳动大会

自去年五月一日，中国劳动组合书记部召集全国各工会代表在广州开了第一次全国劳动大会之后，经过这一年来的工夫，各地工会的发达，比从前陡增了几倍。其最重要的议决案——采取产业组合，确已按照原案实行了。成立了几个极大的团体，如京汉路总工会，正太路总工会，陇海路总工会，京奉路总工会，汉冶萍总工会……有些地方劳动团体特别发达，更组成了湖北全省工团联合会，湖南全省工团联合会，广东工会联合会……这都是第一次全国劳动大会产出的新精神和新势力。劳动阶级的势力日益澎涨，而压迫阶级对我们的手段也日益残酷。自军阀蹂躏京汉路工友之后，各地工会的自由多被剥夺了！从此我们更明白，压迫阶级是占有权力的地位，所以他才敢横行无忌。我们劳动阶级要想得到自由，只有解除压迫阶级占有的权力地位，我们劳动阶级握到政权！

因此我们在这第二次全国劳动大会里，个个工友们应该特别注意下例两点：

（一）必须成立全国劳动运动一致的新口号，作前进的标准。

（二）必须成立一个强有力的中央机关，作指导劳动阶级作战的大本营。

（中华全国总工会中国工人运动史研究室编：
《中国工运史料》，第1至8期汇编上，工人出版社，
1984年，第615–616页）

以往五次全国劳动大会概述（节录）

《东北日报》资料室

第二次全国劳动大会，在中国工人阶级著名领导者苏兆征、邓中夏同志等领导下，于一九二五年五月一日至七日在广州举行，建立了中国工人统一组织——中华全国总工会，现在中国共产党领导者、毛主席的战友刘少奇同志，就是中华全国总工会第一届执行委员会的副委员长。此次大会为适应当时情况，改由全国铁路总工会、中华海员工业联合总会、汉冶萍总工会、广州工人代表会四大团体发起召集，到会代表共二百七十七人，代表一百六十五个工会、五十四万会员。

当时，广东全省农民代表大会也在广州举行。这两个大会同广州市全体工人以及四郊农民和青年革命军人，于"五一"劳动节，举行了十万多人的联合游行示威，盛况空前。当晚，工农两大会一同在广州大学举行开幕典礼，并一致通过工农兵联合决议案，一致认定"打倒军阀和国际帝国主义的革命，解放劳苦群众的革命，只有工农兵一致团结才能成功"。

这次大会共通过三十多个决议案，最主要的是：（一）工人阶级与政治斗争决议案，（二）经济斗争决议案，（三）组织问题决议案，（四）工农联合决议案，（五）铲除工贼决议案，（六）中华全国总工会章程，（七）加入赤色职工国际决议案。

在大会上群众所最热烈注意而激昂欢呼的是四件事：工农联合，铲除工贼，组织全国总工会，加入赤色职工国际；这可以看出当时工人阶级的迫切要求。

第二次全国劳动大会宣言明确指出："现在给我们种种痛苦的敌人是国际帝国主义和其一切走狗，那么只是打倒他们，才能解除我们的痛苦……"并号召："全国工友们非一致团结，与这班仇敌作一死战不可。"该宣言结尾称："全国工友们！全国工友已觉悟起来了，都纷纷起来组织团体了，都知道为自身利益奋斗了。现在中华全国总工会又组织起来了，从此全国工人须在中华全国总工会旗帜之下，一致团结，提携着贫农，联络着全世界无产阶级，共同奋斗。"

第二次全国劳动大会的召开，正处于中国大革命高潮的前夜，意义甚为重大。在各个决议案里，提出了好多重要问题，如在政治斗争决议案说："中国的民族革命运动，非得工业的无产阶级参加并取得领导地位，提携着广大的农民群众进行，是不会成功的。"并指出："要森严我们各种组织上的阶级性，不可和其他阶级混合，这种混合，将有被资产阶级牺牲我们的利益，甚至有卖给敌人的危险。"又如在工农联合决议案上说："工人阶级要想推翻现存制度，必须结合反对现存制度的一切革命势力，因此他应该努力找寻他的同盟者。这个同盟者的第一个，就是农民，无产阶级倘若不联合农民，革命便难成功。"

（《东北日报》，1948 年 7 月 29 日，第三版）

附录

中华全国总工会诞生的日子

孙云鹏

在“二七”京汉铁路工人大罢工以后，我们正太铁路工人为了支援他们，也举行了罢工，因此遭到了帝国主义和军阀的痛恨。在1923年7月以后，不到半年的时间里，我接连被逮捕了两次。当时，彭真同志在石家庄作党的地下工作，他很关心我，叫我赶快离开石家庄，到北京去找邓中夏同志。

我就在1923年年底到了北京。当时劳动组合书记部已从上海迁到北京，正准备成立全国铁路总工会，就派我当了筹备主任。1924年春天，全国铁路总工会正式成立，选举我当委员长。1925年3月下旬的一天，劳动组合书记部秘书长邓中夏同志和我商量召开第二次全国劳动大会的问题。他说：“今年5月1日将在广州召开第二次全国劳动大会。为了避免国内反革命分子的破坏，这次大会给全国各地工会的通知，不能再用劳动组合书记部的名义，而准备用各产业工会和地方工会的名义。”我马上同意了邓中夏同志的意见。

4月初，我们从北京起程往广州去筹备召开大会。当时赤色工会在北方还不是公开的，我和邓培同志（广东人，唐山工人运动最早的领导者）就化装为商人，邓中夏同志身穿西服，仍然是学生打扮。我们到天津分别乘船出发，事前约定到上海会合。在上海我们遇到了中华海员工业联合总会主任苏兆征同志，那时他还不是共产党员，可是他的思想却和我们是一致的。当我们同他商量，想用他们总会的名义发通知，召开第二次全国劳动大会的时候，他欣然答应了。苏兆征同志也就是这时在上海参加了中国共产党。于是，就由中华海员工业联合总会、全国铁路总工会、汉冶萍总工会和广东工人代表会组织成了第二次全国劳动大会筹备委员会，并在上海《民国日报》上联合发出了给各地工会的通知。

我们到了广州，先住在旅馆里，后来又迁到长堤劳动组合书记部驻广州办事处。我和少奇同志住在一栋房子里。少奇同志性情沉静，不多说话，成天不是坐在那里看书，就是写什么东西，很少出去游玩。我就恰恰相反，好动，喜欢出去逛。他时常告诉我，做群众工作要态度和蔼，不能有急躁情绪。他的那种刻苦耐劳和待人诚恳的态度，至今还给我留有很深的印象。

大会开幕以前，我们筹备委员会先举行了两次活动。一次是召集赤色工会代表开预备会。会上，邓中夏同志说，这次大会参加的代表比较广泛，我们对于他们一般的是采取争取和团结的态度；但是对于工贼，我们却要无情地斗争，绝不许有妥协的行为。并且鼓励大家说，工人运动将随着革命形势的发展，很快就会由低潮转入高潮，希望同志们在党的领导下，比过去更加积极起来，争取革命的胜利。

另一次是大会筹备委员会请工人代表和广东省第一次农民大会代表在一起会餐。这次会餐是在珠江芙蓉艇上举行的。会餐后，我们大家还在一起表演了游艺节目，农民代表唱广东民间歌曲给我们听，我们唱国际歌给他们听。当我们开始唱“起来，饥寒交迫的奴隶”的时候，农民代表都以愤怒的感情，举起拳头高呼：“打倒封建军阀！”、“打倒封建地主！”。我深深地感到农民是工人阶级最好的同盟军。

大会是5月1日在广州大学（即以后的中山大学）礼堂举行的。

广东省第一次农民大会和这次劳动大会是同一天举行的。为了庆祝“五一”劳动节，我们这两个大会的全体代表，在午后举行了游行示威。在游行队伍前进中，革命学生和青年革命军人不断地参加进来。因此，队伍越来越壮大，一直达到十多万人，浩浩荡荡地经过长堤、一德路、惠爱东路和惠爱西路等地方。红旗招展，呼声震天，真是一次空前的革命力量大检阅。沿途观众人山人海，我们散发了好几十万份传单。直到天色黄昏，游行队伍才分散，各自回去。我们工人代表和农民代表一起返回广州大学礼堂，联合举行了两个大会的开幕典礼。青年军人联合会、赤色职工国际、共产党和国民党也都派代表赶来参加。会场情况非常热烈，四周悬挂着红旗和各机关团体赠送的锦旗，显示了劳动人民伟大庄严的气魄。

在大会期间，我见到了赤色职工国际派来的代表奥斯脱洛夫斯基同志。因为在事前有同志介绍我曾经被捕过，所以我们一见面，他就十分热情地握着我的手，用亲切的慰问口气说：“你为工人阶级受苦了，我很敬佩你。幸福是痛苦的代价换来的，希望你继续努力，团结更多的工人，争取革命的早日胜利！”我听了心里很是激动，感到他的话里有无限的鼓舞力量。

大会共开了六天，通过了决议案三十多件，其中最主要的是加入赤色职工国际，工农联合，铲除工贼，组织中华全国总工会，工人阶级与政治斗争，工人阶级与经济斗争等。会上，选出了 25 名中华全国总工会执行委员。最后一天，全体代表一致通过了中华全国总工会组织章程，并宣布劳动组合书记部结束，今后全国工会统一由中华全国总工会领导。从此我们中国工人阶级就有了统一的领导机关——中华全国总工会。

胡传鼎记

（《中国工人》，第 22 期，1957 年，第 12–13 页）

回忆六十年前参加第二次全国劳动大会（节录）
——纪念中华全国总工会

张寿禄

六十年前，我作为天津工人代表，去广州参加在那里召开的第二次全国劳动大会。一起去的还有陶卓然。出席那次大会的天津工人代表就我们两个人。我当时是天津裕元纱厂工会负责人，陶卓然是印刷工会负责人。

一九二五年四月十五日，中共天津地委决定派我们俩去开会，由于方舟、卢绍亭二同志找我们谈话，交待任务，并给我们每人三十元川资。

一九二五年四月二十日，我们乘船（“奉天”号）从天津出发，二十四日到达上海。在上海接上关系后，会同上海工人代表陶静轩、陈××和唐山铁路代表邓培、梁鹏万等北方的代表共二三十人，二十五日一起乘“凉州”号轮船赴广州。听说廖仲恺先生和顾问加伦将军也在这条船上，代表们请求廖先生见见面并讲话。廖先生鼓励我们说：大家要实行工农团结，扩大组织，工农兵联合起来，打倒帝国主义，打倒军阀，建立联合革命政府。（大意）廖先生讲话很有革命气派，真不愧是大人物。我去开会途中受到了头一次教育。我们轮船途经香港，停留六小时，大家上岸，“焕然”海员工会热情招待了我们。当夜十一点又开船，转天四月二十八日清晨六点到达广州。大会派人接待我们，安排住进越秀路的西湖旅馆。

从天津赴广州，十来天的旅途中，廖先生的讲话、北方代表们在船上互相谈心交流、香港海员的招待等等，使我这个头一次出远门的人深受教育，看到了工人阶级团结战斗的力量，革命胜利大有希望。

四月三十日，大会的预备会议召开，安排了大会的各项议程等。我非常兴奋，一夜也没睡好。我暗下决心：一定开好这个大会，绝不辜负天津党和工人兄弟的重托。

一九二五年五月一日，广州市举行庆祝“五一”国际劳动节活动。第二次全国劳动大会选在这个节日隆重开幕，是有意义的，预示着大会的圆满成功。大会会场设在广东省教育会。来自各省市的大约二百八十位代表，代表着全国一百六七十个工会和五六十万有组织的工人，在这里开会，共议国家的革命大事、工人阶级的大事。中共中央发来了贺信，更加鼓舞着各位代表“工农联合，团结奋斗”的革命精神。代表们对报告和提案，讨论得十分认真。最后通过决议案有三十多个。我记得最主要的决议案有：工人阶级与政治斗争，工农联合，组织问题，铲除工贼，建立中华全国总工会，加入赤色职工国际，等等。这些，都是我们工人非常关心非常需要的，是夺取革命斗争胜利很需要的。大会中间还有自由讲话。记得自由讲话的，有国民党的戴季陶，吴铁城，谭延闿的师长陈嘉佑等人。上海工人代表陶静轩在自由讲话中，揭露和痛斥了国民党右派制造矛盾，挑拨国共不和的罪行，给人们留下深刻印象。我记得当时，农协代表大会（代表有一百几十人）也同时在广州召开，与第二次全国劳动大会，互相道贺，互相交流经验，互相列席会议，互相勉励、共同奋斗等等，形成了一个工农大团结、联合大革命的热烈气氛。因为许多活动交叉穿连进行，第二次劳动大会五月十八日胜利闭幕。（虽然二次劳动大会正式议程只是七八天）五月十八日，劳动大会闭幕时，各地全体代表合影留念，产业（铁路、纺织、海员……）代表也分别合影留念。我参加了全体代表的合影和纺织产业代表的合影。闭幕当天晚上，国民党中央党部在亚洲酒楼设宴，招待各省工人代表和农协代表。当天夜间，工人代表中的全体共产党员在广东大学礼堂开会，总结二次劳动大会的成果。我参加了这个党的会议。

我认为，“二次劳动大会”十分成功，既隆重又严肃，既非常团结，也有斗争。意义最大的成果是，中华全国总工会正式诞生（选出林伟民、刘少奇正副委员长、邓中夏秘书长等），这非常符合全国革命工人的心愿。实际事实也说明，全国总工会成立后，领导全国工人团结战斗，迎来一个革命新高潮，工人运动进入一个新阶段。

我感到，“二次劳大”俨然是一个革命大课堂，讲革命理论也讲实际工作，有团结也有斗争，总结过去工作也有今后方案决议，谈国内斗争也讲国际斗争等等。我这个年青党员、天津工人代表，头一次参加这样的大会，真是大开眼界，大长革命见识，深受革命教益，也深感革命责任重大，坚韧不拔、革命到底的决心更足了。

大会闭幕之后，在广州又待了八九天。领导上组织我们代表参观、访问、学习，如游览中山公园、瞻仰黄花岗七十二烈士墓等等。我又受到一次生动具体的革命教育。我并没有以为这是普通的游山逛景。在七十二烈士墓前，我伫立多时，心地很不平静。我想：革命真不容易，革命取得胜利更不容易，革命先烈走在我们前头，我们要继承他们的遗志，奋勇前进。

五月二十七日，我和陶卓然乘船（“广大”号轮）北返。到达上海时五卅惨案已发生。各地代表召开紧急会议，声讨英、日帝国主义罪行，并决定回各地立即举行罢工游行示威，掀起大规模反帝爱国斗争。六月三日，我们俩人乘“顺天”号轮回天津后，立即投入了党领导的天津人民支援“五卅”的轰轰烈烈斗争。纺织工人开展了声势浩大的斗争。裕元纱厂工人积极参加了全市工人的斗争和纺织工人的同盟罢工，裕元纱厂工人还捐献一日工资，汇款两千元支援上海工人。

我今年八十二岁了，回忆六十年前赴广州参加第二次全国劳动大会，大约共一个月的时间，会前会后，会内会外，耳听目睹，所受的教育，终生不忘。那时的一切情景，我想忘也忘不了。真是胜过上大学。那次大会受到的深刻教育，在我一生中占相当地位，不论遇到任何事件、任何危险，我所以能坚持革命，它起着重大的动力作用。

一九八五年三月（李劭燧整理）

（《天津工运史资料》，第 2 期，1985 年，第 15-17 页）